알면 똑똑해지는 역사 속
비하인드 스토리

알면 똑똑해지는 역사 속
비하인드 스토리

EBS 오디오 콘텐츠팀 지음

차례

HISTORY 1 　　　　 인물의 역사

HISTORY 2 　　　　 직업과 경제의 역사

HISTORY ①

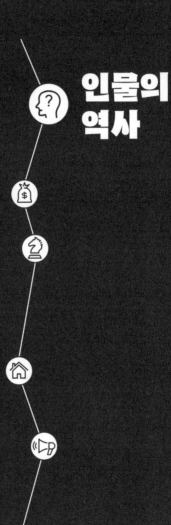

인물의
역사

돈 때문에 조작된
드라큘라 백작 부인

바토리 에르제베트(Báthory Erzsébet), 영어명은 엘리자베스 바토리(Elizabeth Bathory, 1560~1614)다. 본명보다는 드라큘라 백작 부인으로 유명한데, 젊은 여자들의 피를 뽑아 마신 희대의 살인마로 알려져 있다. 전설로 내려오는 그의 이야기는 후대에 영향을 끼쳐 수많은 소설과 영화, 드라마로 만들어졌다. 그런데 이 전설이 조작일 수 있다는 주장이 등장하고 있다. 실제라고 보기에는 상황이 너무 잔혹해서일까? 아니면 정말 조작이라는 근거가 있어서일까? 그 내막을 들여다보자.

영화 〈바토리〉(2008)와 〈카운테스〉(2009)의 주인공이자, 드라큘라 백작 부인으로 알려진 바토리 에르제베트. 그는 헝가리인으로 바토리는 성이고, 에르제베트가 이름이다. 헝가리는 영어명과 달리 성과 이름 순서로 적는다. 실제 그의 미모는 천사처럼 아름답고, 피부가 깨끗했다고 전해진다. 에르제베트는 합스부르크 왕가의 친척인 바토리 가문에서 태어나 권력과 미모를 모두 갖추었다. 그는 15세에 헝가리 유력 가문의 백작과 결혼하여 다섯 아이를 두었으나, 남편이 전쟁터에서 사망하여

바토리 에르제베트

42세에 미망인이 되었다. 이후 그는 처녀의 피가 젊음을 유지해준다는 미신에 빠져들어 엽기적인 행각을 하게 된다. 동네의 하층민 처녀들을 잡아다 온갖 고문 도구를 이용하여 피를 짜내 마시거나 목욕을 했다는 것이다. 이때 기록상으로 희생자만 600여 명, 실제로는 1,500명이 넘는 여성을 고문하고 살해했다고 전해진다.

　바토리가 드라큘라 백작 부인으로 불리는 이유는 인간의 피를 마셨다는 소문 때문이다. 바토리보다 앞선 시기에 피를 마신 잔혹한 사람이 있었는데, 그가 드라큘라로 불리었기에 바토리에게도 그 이름이 이어졌다. 드라큘라는 영국의 소설가 브램 스토커(Bram Stoker, 1847~1912)가 1897년 15세기 루마니아의 통치자 블라드 3세(1431~1477)를 모델로 쓴 소설 『드라큘라』로 유명해졌다. 당시에는 루마니아라는 나라가 없었으므로 정확히 표현하면 그는 왈라키아 공국의 영주였다. 그의 공식 칭호는 블라드 3세 드러쿨레아이고, 블라드 체페슈(Vlad Țepeș)라는 별칭이 널리 알려져 있다. 체페슈는 루마니아어로 가시, 꼬챙이 등 뾰족한 물건을 가리키는 말이다. 이 말이 붙게 된 까닭은 그가 전쟁 포로의 등을 끝이 뾰족한 긴 장대에 꽂아 죽였기 때문이다. 이 별칭은 그가 죽은 후 붙혀진 것이고 살아 있을 때는 '용의 아들'이란 뜻을 가진 드러쿨레아를 주로 썼는데, 여기에서 드라큘라라는 이름이 나왔다. 블라드 3세는 오스만 제국 등과의 전쟁에서 잔혹한 악명을 떨쳤지만, 루마니아에서는 조국을 위해 싸운 영웅으로 아직도 존경받고 있다. 여러 번에 걸친 오스만 제국의 공격을 물리쳐서 백성과 나라를 지켜냈기 때문이다.

다시 바토리의 이야기로 돌아가자. 수많은 젊은 여성의 피를 뽑고 죽였다는 바토리는 죽은 후에도 100여 년 이상 이름조차 거론되지 못했다. 하지만 헝가리에 보관된 재판 기록을 보면 의심스러운 부분이 꽤 있다. 첫째, 바토리는 그 시대에 드물게 제대로 교육받은 여자였을 뿐 아니라 웬만한 군주도 배우지 못한 다양한 언어에 능통할 정도로 지적 수준이 높았다. 그런 사람이 자신을 궁지로 몰 시체를 아무 곳에나 버린다는 것은 상식에 어긋나 보인다. 둘째, 17세기 초 헝가리 시골 인구를 감안했을 때 한 사람이 1,500여 명을, 그것도 젊은 아가씨들만 골라 죽였다는 말은 믿기 어렵다. 셋째, '자신의 아름다움을 위해 많은 처녀를 죽였다'는 자극적인 이야기는 바토리가 죽은 지 100년도 지난 1729년에 처음 등장했다. 실제 바토리가 '살인죄'로 법정에 서기는 했지만, 그때는 아름다움을 위해 피를 마셨다는 식의 이야기는 없었다. 바토리에 대한 여러 이야기 중에는 후대에 생겨났거나 덧붙여진 것도 꽤 있다는 점이다.

그렇다면 누가, 왜 가짜 이야기를 만들면서까지 바토리를 드라큘라 백작 부인으로 몰아갔을까? 그를 드라큘라 백작 부인으로 몰아간 사람은 바토리의 사촌인 헝가리의 재상 기요르기 투르조였다. 당시 헝가리의 왕 마티아스 2세(1557~1619)는 바토리 가문에 진 막대한 빚으로 인해 파산했고, 투르조도 바토리에게 큰 빚을 진 상태였다. 게다가 바토리는 친정에서 준 재산뿐 아니라 남편의 재산까지 물려받아 천문학적인 재산을 보유하고 있었다. 마티아스 왕과 투르조는 바토리만 없어지면 채무가 해결되는 것은 물론이고, 그의 어마어마한 재산까지 가질 수 있는 상황이었다.

이러한 때 바토리의 성에 감금당했던 한 소녀가 탈출해 당국에 신고하는 일이 벌어졌다. 본격적으로 수사가 시작되면서 바토리는 투르조에 의해 현행범으로 체포되었다. 투르조는 "바토리가 여인을 고문 중이었으며, 그 옆에는 이미 시체가 있었다"고 주장한다. 하지만 영장은 아무런 혐의가 적혀 있지 않은 상태로 체포 이후에 발부된 것이고, 실제로 투르조의 주장 외에 시체를 목격한 사람은 없었다. 재판은 마티아스 왕과 투르조가 제멋대로 진행했기 때문에 바토리는 모든 혐의에서 유죄 판결을 받을 수밖에 없었다. 유죄 판결이 내려지자 두 사람

바토리 에르제베트가 살았던 체이터성

의 빚은 없는 것이 됐고, 바토리의 재산은 이들과 핵심 관련자
들에게 분할되었다. 이때 바토리의 식솔들은 모두 참형을 당
했고 바토리만 살아남아 독방에서 4년 정도 살다가 생을 마감
했다.

동유럽 지역에서는 밤에 무덤에서 나와 살아 있는 사람의
피를 빨아먹는 흡혈귀가 있다는 미신이 퍼져 있었다. 이런 흡
혈귀에 대한 전설은 동유럽에서 오랫동안 전해져왔으며, 이에
대해 괴테, 니콜라이 고골 등이 소설로 쓰기도 했다. 흡혈귀로
가장 널리 알려진 실존 인물은 블라드 3세와 바토리 에르제베
트다. 그럼에도 바토리가 흡혈귀라는 정황은 확인되지 않았

고, 후대에 가서 그와 얽힌 잔혹한 일들이 만들어졌다는 게 의문점으로 남는다. 오히려 루마니아, 헝가리 지역에서 흡혈귀 신앙이 널리 퍼지면서 바토리의 행적이 회자된 듯하다. 어쩌면 그는 헝가리 왕 마티아스 2세와 바토리의 사촌 투르조, 당시 그에게 채무를 졌던 귀족들, 이들의 묵인하에 마녀 사냥과 같이 드라큘라 백작 부인으로 몰려 모든 재산을 빚쟁이들에게 빼앗겼던 것인지 모른다.

▬ 참고 자료

『미스터리 세계사』(그레이엄 도널드 지음, 현대지성) / 「'피의 백작부인?'······ 엘리자베스 바토리」(《서울경제》, 2019.12.25) / 바토리 에르제베트, 위키백과 / 「'드라큘라'의 모델, 블라드 3세」(《매일신문》, 2012.12.18) / 블라드 체페슈, 두산백과 / 흡혈귀, 두산백과

클레오파트라는 백인이다

이집트의 클레오파트라는 세기의 미인으로 손꼽힌다. 그는 미인계를 써서 로마의 삼두 정치 실권자였던 카이사르(BC 100~BC 44)와 안토니우스(BC 83~BC 30)의 권력을 이용해 자신의 왕권을 강화하고 이집트를 지키고자 했다. 클레오파트라의 이런 행적이 널리 알려져 그를 주인공으로 하는 영화도 여러 편 제작되었는데, 대개 백인 여배우가 그 역할을 맡고는 했다.

클레오파트라가 어떤 인종이었는지에 대해서는 여러 주장이 있지만, 사실 그는 이집트인도 흑인도 아닌 그리스계 백인이었다. 게다가 역사상 클레오파트라는 한 명이 아닌 여러 명이었고, 우리가 아는 그 클레오파트라는 클레오파트라 7세(BC 51~BC 30)였다.

이집트는 북아프리카 대륙에 있는 국가이면서 서아시아 옆에 있는데, 클레오파트라가 아랍인도 아니고 흑인도 아닐 수 있을까? 인종에 대한 논란은 2010년 클레오파트라 일대기를 다룬 영화의 제작 소식이 발표되면서 불을 지폈다. 당시 영화 제작사 측은 클레오파트라 역으로 앤젤리나 졸리를 캐스팅하

클레오파트라 7세는 그리스인의 모습으로 조각되었다.

겠다고 발표했다. 일각에서는 '클레오파트라가 흑인이니 흑인 배우를 써야지, 왜 앤젤리나 졸리를 캐스팅했느냐?'며 문제를 제기했다. 미국에서는 영화를 만들 때 원작이 있는 작품을 영화로 옮기는 과정에서 캐릭터들의 인종을 백인으로 바꾸는 화이트워싱이 간혹 있어왔다. 하지만 클레오파트라 역에 백인을 캐스팅한 것은 화이트워싱과는 다른 문제다. 클레오파트라는 원래 흑인이 아니고 유럽 혈통이기 때문이다.

이에 대한 역사적 배경은 마케도니아 왕국의 멸망과 관련이 있다. 마케도니아 왕국은 필리포스 2세(재위 BC 359~BC 336)가 그리스를 멸망시키고 그의 아들 알렉산드로스 왕(재위 BC 336~BC 323)의 재위 시절에 페르시아를 정복하고 인도 간다라 지역까지 진출해 대제국을 이룩하게 된다. 이 시기에 동양과 서양의 문화가 융합해 헬레니즘 문화가 탄생되었다.

알렉산드로스 왕은 기원전 332년 동방 원정의 일환으로 페르시아가 지배하던 이집트를 정복했다. 그리고 동쪽 지역으로 진출해 인도 서북구까지 달하는 대제국을 완성했는데, 알렉산드로스 왕은 정복 사업을 마무리 짓자마자 사망하고 만다.

이후 마케도니아 왕국은 부하 장군들에 의해 4개 왕국으로 분열되었다. 그 가운데서 알렉산드로스의 친구이자 부하였던 프톨레마이오스가 이집트를 차지했다. 프톨레마이오스(재위 BC 305~BC 285)는 이집트의 파라오가 되었고, 이후 그의 후손들이 이집트를 통치하게 된다. 프톨레마이오스 왕조는 알렉산드로스가 사망한 기원전 323년 프톨레마이오스 1세를 시작으로 기원전 30년 멸망할 때까지 300여 년 동안 이집트를 지배했다. 클레오파트라는 이 왕조의 마지막 파라오 클레오파트라 7세였다. 클레오파트라는 이집트식 이름이 아니라 고대 그리스어로 '아버지의 영광'이란 뜻을 가진 그리스식 이름이다. 이는 프톨레마이오스 왕조뿐 아니라 그리스의 도시국가와 마케도니아 왕가, 시리아의 셀레우코스 왕가 등에서 여왕의 이름으로 자주 사용되었다. 단지 이집트 프톨레마이오스 왕조의 마지막 왕 클레오파트라 7세가 가장 유명했을 뿐이다.

이러한 역사적 배경을 보았을 때 프톨레마이오스 왕조는 그리스에서 들어온 유민임을 알 수 있다. 이 왕조는 그리스 혈통을 계속 이어가고자 했고 문화적으로도 그리스의 정체성을 유지하려고 했다.

로제타석이라는 프톨레마이오스 시대의 유물이 있다. 1799년에 나폴레옹의 이집트 원정군이 나일강 어귀의 로제타 마을에서 발견한 비석이다. 여기에는 프톨레마이오스 5세의 신앙과 덕행을 칭송한 글이 고대 이집트어와 고대 그리스어로 쓰여 있다. 프톨레마이오스 왕조는 이집트어뿐 아니라 그리스어를 공용어로 사용한 것이다. 또 그리스 혈통을 유지하고자 근친혼을 했는데, 이는 고대 이집트 왕가의 오랜 관습이기도 하다. 파라오는 신의 자식이므로 신의 피가 흐르지 않은 사람들과 결혼해서는 안 된다고 생각한 것이다. 그래서 남매끼리, 또는 숙부와 조카가 결혼하기도 했다. 클레오파트라 7세도 18세 무렵 10세인 동생과 결혼한다. 이런 근친혼으로 인해 프톨레마이오스 왕조에서는 공동 통치가 관습적으로 행해졌다.

아버지인 프톨레마이오스 12세(재위 BC 80~BC 56)가 죽자 왕위에 오른 클레오파트라의 언니 베레니케 4세가 키프로스 소유권 문제로 로마와 싸우다 죽고 그 뒤를 클레오파트라와 남편이자 동생인 프톨레마이오스 13세(재위 BC 51~BC 47)가 공동 통치자로 왕위에 올랐다.

클레오파트라는 언제 로마가 공격해 올지 모르는 상황에서 프톨레마이오스 13세와 권력다툼을 하다가 한때 추방되기도 했다. 그는 추방된 상황에서 카이사르가 이집트를 방문했을 때, 양탄자로 자신을 돌돌 말아 선물로 위장해서 카이사르한테 보내도록 했다. 이렇게 해서 클레오파트라가 카이사르와 첫 만남을 가졌다는 뒷이야기가 전해온다. 어쨌든 카이사르를 만난 이후 이집트의 권력이 클레오파트라에게 옮겨갔다. 그러나 카이사르가 권력다툼 끝에 공화파인 브루투스에게 암살되고 만다. 클레오파트라의 든든한 후원자가 죽고 만 것이다.

이후 로마에서는 안토니우스와 레피두스(?~BC 13), 옥타비아누스(BC 63~AD 14)가 권력을 장악한 2차 삼두 정치가 시작되었다. 이때 클레오파트라는 안토니우스와 손잡고, 결혼까지 하여 자신의 권력을 지켜내며, 이집트를 로마 치하에서 구하고자 했다. 하지만 안토니우스가 악티움 해전에서 옥타비아누스에게 패하자, 클레오파트라는 자살로 생을 마감하고 프톨레마이오스 왕조도 막을 내린다.

다시 클레오파트라 배역 캐스팅 문제로 돌아가자. 프톨레마이오스 왕조가 그리스 혈통인 점 외에도 고대 이집트인은 엄밀히 말해 흑인이 아니었다. 고대 이집트인은 자신들을 아프리카 내륙 출신들과 분명하게 구분했다. 고대 이집트의 조형물과 벽화 등을 보면, 토착 이집트인은 아프리카 출신의 흑인과 완전히 달랐다. 대표적인 예로 메세흐티 무덤에서 출토된 '행진하는 병사들' 조각상이 있다. 이 조각상은 기원전 2000년 전후에 있었던 이집트 제11왕조 시대의 유물인데, 이것을 보면 이집트 토착 병사들은 붉은색 피부로, 아프리카 내륙 출신 병사들은 검은색으로 색칠이 되어 있다. 따라서 이집트가 아프리카에 있다고 해서 클레오파트라가 아랍인이거나 흑인일 것이라는 추측은 잘못된 것이다.

지금까지 클레오파트라는 세기의 미인 혹은 로마의 유명 정치인들을 유혹한 요부(妖婦)로 묘사되어 왔다. 하지만 그는 침략해온 로마를 상대해서 이집트를 지키기 위해 최선을 다했던 왕이기도 했다.

━━ 참고 자료 ━━━━━━━━━━━━━━━━━━━━━━━━━━━━━━━━━━━━━━━

「클레오파트라는 정말 흑인이었나」(《뉴스토프》, 2019.05.28) / 「클레오파트라는 미인이었을까」(《한국마케팅》, 2016.03.11) / 「클레오파트라는 미인이 아니었다」(《한겨레》, 2007.12.03) / 클레오파트라 7세 필로파토르, 위키백과 / 『포켓 속의 세계사』(장지연 지음, 미네르바) / 『세계사 오류사전』(조병일 등 지음, 연암서가)

마리 앙투아네트에 대한 잔혹 동화

인물의 역사

프랑스 왕 루이 16세의 왕비 마리 앙투아네트(1755~1793)는 오스트리아 출신으로 프랑스 혁명이 일어나기 직전의 왕비였다. 그에게 붙은 오명이 참 많다. 그중 하나가 "빵이 없으면 케이크를 먹으면 되지"라는 말이다. 사실 이 말은 마리 앙투아네트가 한 말이 아니다. 이는 루이 14세(재위 1643~1715)의 부인인 마리 테레즈(1638~1696)가 "빵이 없으면 파이의 딱딱한 껍질이라도 먹게 하세요"라고 한 말이 마리 앙투아네트의 말로 와전된 것이다. 왜 마리 앙투아네트에 대해 그가 하지도 않은 말까지 덧씌워 가며 악성 루머가 생겨났을까? 그것은 당시 프랑스인들이 수백 년 동안 영토와 왕위 계승 분쟁 등으로 전쟁을 벌여온 적국 오스트리아에 대한 분노의 표출이었고, 또 하나는 혁명이 막 불붙기 시작할 무렵 마리 앙투아네트에 대한 나쁜 이미지 조성이 필요했기 때문이었다.

마리 앙투아네트는 1755년 오스트리아 합스부르크가 여왕 마리아 테레지아(재위 1740~1780)의 15번째 아이로 태어났다. 마리아 테레지아는 오스트리아 왕위에 오르는 과정에서 여자라는 이유로 주변국의 반발을 샀다. 이로 인해 전쟁까지 치러야 했는데, 이때 프로이센에게 요충지 슐레지엔을 빼앗기고 말았다.

당시 독일 지역은 여러 영토 국가로 분열되어 있었는데, 그중 대표적 두 나라가 오스트리아와 프로이센이다. 마리아 테레지아는 프로이센에 밀리자 프랑스와 동맹을 맺으려 했다. 오스트리아 합스부르크 가문과 프랑스 부르봉 가문은 오랫동안 앙숙 관계였지만 프랑스도 경쟁 관계였던 영국을 견제하기 위해 오스트리아와의 동맹을 환영했다. 이렇게 해서 오스트리아의 왕녀 마리 앙투아네트는 프랑스의 왕세자(후에 루이 16세)와 정략결혼을 하게 된다.

프랑스인들은 오스트리아 출신이 왕비가 된다는 사실을 반기지 않았다. 그래서 마리 앙투아네트는 왕비가 된 후에도 끊

마리 앙투아네트와 자식들

임없이 의심과 경계를 받아야 했고, 당시 그에 대한 평가는 최악을 달리고 있었다. 막 왕비가 되었을 때 목걸이 사건이 터졌다. 이로 인해 마리 앙투아네트가 다이아몬드 목걸이를 훔치고 다른 사람에게 누명을 씌우려고 한 파렴치한 왕비라는 소문이 퍼져나갔다. 하지만 사건의 진상은 전혀 달랐다. 이 목걸이는 루이 16세(재위 1774~1792)의 할아버지인 루이 15세(재위 1715~1774)가 애인에게 선물하기 위해 2,800캐럿짜리 다이아몬드로 만들어달라고 주문한 것이다. 하지만 제작 과정 중에 루이 15세가 세상을 떠나면서 주인을 잃게 되었다. 이 상황을 알게 된 라모트 백작 부인이 다이아몬드 목걸이에 눈독을 들였다. 그래서 그는 마치 마리 앙투아네트가 목걸이를 원한다는 식으로 거짓 소문을 지어 중간에 목걸이를 가로챈 것이다. 나중에 마리 앙투아네트의 무죄가 밝혀졌지만 사건의 진실과 상관없이 사람들은 그를 사치스러운 왕비라고 손가락질했다.

최근에는 여러 학자에 의해 사치와 허영의 상징이 된 마리 앙투아네트에 대한 이야기가 거짓 소문으로 만들어진 이미지라고 속속 밝혀지고 있다. 그중 한 명이 오스트리아의 소설가이자 전기작가로 알려진 문학계의 거장 슈테판 츠바이크(1881~1942)다. 츠바이크는 1932년 마리 앙투아네트 평전《마리 앙투아네트 베르사유의 장미》를 발간했는데, 책에 쓰인 마리 앙투아네트는 지금 우리가 알고 있는 이미지와는 전혀 다르다. 츠바이크는 마리 앙투아네트를 선인도 악인도 아닌 평범한 여인이었을 뿐이라고 평했다. 영국의 역사가이자 소설가

마리 앙투아네트가 살았던 베르사유 궁전 내 별궁인 프티 트리아농

이고 전기작가로 유명한 안토니아 프레이저(1932~)도 일반인
들이 접근할 수 없는 왕립 고문서보관실에서 18세기 당시의
역사 기록물들까지 자세히 검토한 후에 마리 앙투아네트에 대
한 잔인한 신화를 벗겨내는 책을 썼다. 마리 앙투아네트가 아
이들에게 감사와 검소함을 가르쳤다는 것, 측근들과 시종들이
그의 겸손과 친절함을 칭찬했다는 것, 다친 사람을 위해 의사
를 불러주고 가난한 사람들을 도와주었다는 것 등 그의 선행
을 찾아내 기록한 것이다. 프랑스 혁명 당시 마리 앙투아네트
는 온갖 혐의로 법정에 섰다. 재정 낭비, 부패, 오스트리아와
결탁, 루이 16세를 타락시킨 혐의 등등. 억지로 사형 선고를

내리기 위해 말도 안 되는 죄목을 갖다 붙였다. 결국 마리 앙투아네트에게 사형 선고가 내려졌는데, 죽기 전에 쓴 편지를 보면 원망의 말은 거의 없고 대부분 용서와 가족에 대한 걱정으로 가득했다고 한다.

그렇다면 왜 그에 대한 유언비어가 일파만파로 퍼져나갔을까? 그에게 내린 죄목을 봐도 제대로 된 혐의 입증은 거의 없다. 다이아몬드 목걸이 사건도 무혐의였고, 스웨덴 귀족 페르센 백작(1755~1810)과의 불륜 스캔들도 뚜렷한 증거가 없음에도 가십거리로 회자되었다. 또 마리 앙투아네트의 사치와 소비 풍조는 루이 14세와 루이 15세 시기 왕비와 애인들의 소비에 비하면 보잘것없었기에 국가 재정 파탄의 근본적 원인이라고 볼 수 없었다. 당시 궁정 경비는 프랑스 예산의 6퍼센트에 불과했다. 가장 많은 지출 항목이 기존 국가 부채와 그 이자 부담으로 50퍼센트였고, 전쟁과 외교 관련 지출이 25퍼센트로 뒤를 이었다. 이런 자료만 봐도 마리 앙투아네트의 사치가 국가 재정 파탄의 원인이었다는 것은 잘못된 주장이다.

당시 프랑스인들은 왕비에 대해 진실보다는 소문을 더 신뢰했다고 한다. 극심한 생활고에 시달리던 사람들은 누군가에게 분노를 쏟아내고 싶었던 것이다. 그 대상이 오랫동안 적국이었던 오스트리아 출신의 왕비 마리 앙투아네트였는지 모른다. 어찌 보면 생활고와 민족 감정에 의해 마리 앙투아네트는 악녀라는 오명을 얻었다. 다만 후대에 와서 마리 앙투아네트를 올바르게 평가하려는 노력이 있어왔다. 하지만 그가 프랑스 국민과 소통하려고 노력하고 자신과 관련된 오해를 좀 더 적극적으로 풀어내려고 했다면 어떠했을까? 역사에 가정이란 있을 수 없지만 이 부분에서는 아쉬움이 남는다.

참고 자료

『마리 앙투아네트』(스테판 츠바이크 지음, 동서문화사) / 『은밀한 세계사』(이은주 지음, 파피에) / 『방탄차력사의 오늘 이야기』(차경호 지음, 노느매기)

중세시대 여교황은
실존 인물일까?

타로는 트럼프의 일종으로 다양한 그림이 그려진 카드 78매를 뽑아가며 게임을 하거나 점술에 사용되어 점을 치기도 한다. 메이저 카드 22개 중에서 0번이 어리석은 자, 1번이 기술사, 2번이 여교황, 3번이 여황제, 4번이 황제, 5번이 교황이고,…… 20번이 심판, 21번이 세계를 가리킨다. 타로는 보통 14세기 무렵부터 유럽에서 사용된 그림 카드로, 중세 사회의 모습이 그려져 있다. 그런데 2번 여교황 카드가 존재한다는 것은 중세시대에 여교황이 실제 있었다는 뜻일까? 물론 전설로 내려오는 이야깃거리일 수도 있다. 중세뿐만 아니라 지금까지도 가톨릭 사제는 남성만이 해왔으니까.

그럼에도 불구하고 여성 교황이 있었다는 전승이 13세기 중반부터 17세기까지 대중에게 일반적으로 받아들여졌다. 남장을 한 요안나라는 여성이 성서 교수가 되어 교황청에 들어

타로카드 여교황

간 후 추기경의 자리까지 오르고 마침내 교황직을 계승했다는 아주 구체적인 이야기가 여러 나라에 걸쳐 널리 퍼져 있었다. 당시 대중은 요안나 여교황을 실제로 존재했던 역사적 인물로 생각한 것이다.

요안나 여교황 이야기가 본격적으로 널리 알려진 계기는 13세기 도미니코 수도회의 마르티노 수사가 본인의 저서 『교황과 황제 연대기』에 여교황 이야기를 수록하면서부터였다. 책에 따르면, 요안네스 안젤리쿠스(Johannes Angelikus)가 레오 4세(재위 847~855)를 계승해 교황직에 2년 7개월 4일 동안 재위했으나 사실은 여자였다는 것이다. '요안네스 안젤리쿠스'는 요안나가 남장을 하면서 바꾼 남자 이름이다. 책의 내용이 구체적이어서 믿을 수밖에 없었고, 당시는 사실을 확인하기가 어려운 시기였다. 그래서 여교황 요안나에 대한 이야기는 대중뿐 아니라 가톨릭교회 안에서도 처음에는 사실로 받아들였다. 1400년 무렵 시에나(Siena) 주교좌 성당에 있는 교황들의 흉상 사이에 요안나의 흉상이 세워질 정도였으니 말이다.

그럼 요안나라는 여성은 누구인가? 그는 마인츠(Mainz, 오늘날 독일 라인란트팔츠주의 주도) 출신으로 어린 시절 연인과 함께 남장을 한 채 그리스 아테네에 유학을 가서 과학과 철학을 공부한 인재였다. 학구열이 대단해 많은 지식을 쌓은 후 로마로 건너가 지성인을 가르치는 교수가 되었고, 미덕과 지식 수준이 높아지면서 이름을 떨쳐 추기경 자리까지 오를 수 있었다. 855년 교황 레오 4세가 사망하자 그 뒤를 이어 교황의 자리에 올랐다. 요안나는 열정적으로 교황직을 수행했기에 누구도 그가 임신을 한 줄 몰랐다. 아기 아버지가 누구인지는 끝내 알려지지 않았고, 요안나는 다행히 헐렁한 교황복 덕분에 만삭이 될 때까지 임신 사실을 숨길 수 있었다. 그러다가 성모승천대축일에 사건이 터졌다. 요안나는 미사를 집전하기 위해 라테란 궁전으로 가다가 성 클레멘트 교회 옆 좁은 골목길에서 그만 출산을 하고 만다. 이 모습을 본 대중은 분개해 폭도로 변했다. 그들은 교황이 여자라는 사실과 진실을 감추고 아기를 낳았다는 것에 대한 배신감에 요안나와 아기에게 돌을 던져 죽게 했다고 전해진다.

요안나에 대한 글은 필사 과정에서 많은 이야기가 덧붙여지고 내용이 바뀌기도 했다. 이것이 다양한 속설이 전해 내려오게 된 원인이기도 하다. 이런 속설의 공통점은 여교황에 관한 이야기가 대중적으로 알려진 것이 모두 13세기 이후라는 점이다. 또 사망설과 관련해서는 여러 판본에 따라 돌에 맞아 죽었다, 생매장당했다, 수녀원에서 생애를 마감했다 등 다양한 내용이 전해진다.

여러 속설이 있지만 진위 여부를 알 수 없고, 요안나라는 인물도, 여교황의 재위 기간도 검증되지 않았다. 『교황청 연감』에 따르면, 855년 교황 레오 4세의 사망 이후 베네딕토 3세(재위 855~858)가 바로 교황에 올랐기 때문에 재위의 공백 기간이 없다. 레오 4세가 죽은 후 쿠데타가 일어나고 혼란한 시기를 겪긴 했으나 요안나라는 인물이 재임했다는 흔적은 보이지 않았다. 쿠데타는 베네딕토를 반대하는 주교들이 그를 감옥에 감금한 사태를 가리킨다. 반대 세력은 베네딕토 대신 아나스타시오 3세를 교황에 올리고자 했지만 빠져나온 베네딕토가 무사히 교황에 오름으로써 반대 세력의 쿠데타는 실패로 끝났다. 기록상으로 여교황의 증거를 찾을 수 없기에 현재는 가톨릭교회에서도 여교황의 존재를 믿지 않는다.

여교황 이야기는 오늘날까지 영화 등으로도 만들어져 회자되고 있으니 당시에는 더욱 많은 사람의 입에서 입으로 전해지며 널리 퍼졌을 것이다. 이런 이야기가 유행했다는 것은 한편으로는 교황의 권위가 그만큼 약해졌다는 의미로 해석할 수 있다. 10세기 교황 세르지오 3세(재위 904~911) 때 로마의 유력 가문 부인인 테오도라와 그의 딸 마로치아가 교황직에 강력한 영향력을 행사했다. 이들은 교황을 좌지우지하고 갈아치우기도 했는데, 이러한 상황을 창부정치라고 부른다. 특히 마로치

아는 교황 세르지오 3세의 정부(情婦)였고, 그의 아들까지 낳
았다는 주장도 있다. 한동안 이 여성들에 의해 창부정치가 이
어지면서 교황의 권위가 추락했다. 이러한 사건들 때문에 여
교황 요안나 이야기는 이후 사람들의 입으로 만들어진 것으로
추측할 수 있다.

참고 자료

『미스터리 세계사』(그레이엄 도널드 지음, 현대지성) / 『숫자로 끝내는 역사 100』(조엘 레
비 지음, 지브레인) / 요안나, 다음백과 / 여교황 요안나, 위키백과 / 타로, 위키백과

위조화폐 잡는 탐정,
아이작 뉴턴

"역사상 유명한 사과가 세 개 있다. 첫째가 이브의 사과이고 둘째는 뉴턴의 사과이며 셋째는 세잔의 사과다." 프랑스 화가 모리스 드니(Maurice Denis, 1870~1943)의 말이다. 인류 역사를 바꾼 과일로도 꼽히는 사과는 뉴턴이 만유인력의 법칙을 발견하는 계기가 되었다. 그런데 영국의 물리학자·천문학자·수학자로 알려진 과학자 뉴턴에게 또 다른 직업이 있었다는 사실을 아는 이는 많지 않다.

아이작 뉴턴(Isaac Newton, 1642~1727)은 만유인력의 법칙 외에 광학 연구로 반사 망원경을 만들고, 뉴턴 원무늬를 발견했으며, 빛의 입자설을 주장했다. 그런데 뉴턴은 탐정이라는 특이한 이력도 가지고 있다. 53세에 오랫동안 교수로 몸담았던 케임브리지 대학을 떠난 뉴턴은 런던으로 와서 영국 조폐국 감사직을 맡게 된다. 그는 사람이나 상황을 관리하는 일에 학식도 경험도 별 관심도 없었지만 조폐국 감사로서는 탁월했다.

인류 역사에 혁혁한 공로를 세운 과학자 뉴턴이 조폐국에서 일하게 된 계기는 무엇이었을까? 이는 당시 영국의 상황과 관련 있다. 17세기 후반 영국에서는 동전을 금과 은으로 만들었는데, 그 무게가 표준화되어 있지 않았다. 그래서 일부 상인들은 조폐국 내부 인사들과 공모해 무거운 동전을 사들여 녹인 후 가벼운 동전으로 만들거나 동전의 가장자리를 깎아서 나온 금을 모으는 등 부정한 방법으로 부를 축적했다. 그래서 당시 영국 재무장관 윌리엄 라운스는 1695년 뉴턴에게 불량화폐의 유통과 은화 부족 문제에 대한 조언을 구했고, 뉴턴은 날이 갈수록 낡아가는 옛 화폐를 대체할 수 있는 새 화폐를 찍는 일이 시급하다고 주장했다. 이 일을 계기로 뉴턴은 조폐국 감사로서 공직 생활을 시작하게 된 것이다.

뉴턴은 조폐국에서 일하면서 화폐를 표준화하는 화폐 개혁을 추진했다. 우선 위조화폐를 방지하기 위해 동전 테두리에 톱니무늬를 새겨 넣게 했다. 이로 인해 톱니무늬가 없는 돈을

지금의 동전 형태를 만든
아이작 뉴턴

St. ISAAC NEWTON.

사용할 수 없게 되자, 동전의 가장자리를 깎아내는 사람들이
사라져 위조화폐를 방지하는 데 큰 효과를 보았다. 지금 우리
가 쓰는 동전 테두리에도 톱니무늬가 들어가 있는데, 바로 뉴
턴이 고안한 것이다.

　뉴턴이 제시한 해법은 당시에는 획기적인 방법이었을 것
이다. 그런데 새로운 동전이 나왔지만 시중에는 옛날 동전이
여전히 많이 남아 있었다. 옛날 동전을 회수하고 새로운 동전

을 유통하는 것은 당시 기술로는 상당히 어려운 일이었다. 새로운 동전을 유통하기 위해서는 조폐국이 9년 동안 쉬지 않고 생산해야 가능한 양이었다. '과연 화폐 개혁이 가능한 일일까?' 회의적인 시각이 많았던 차에, 뉴턴이 해결책을 제시했다. 그는 새로운 동전 기계를 직접 만들어 직원들을 교육시켰고, 조폐 생산의 업무 흐름을 개선하여 3년 만에 할당량을 채워서, 새로운 동전으로 유통시킨 것이다. 실제로 이러한 뉴턴의 화폐 개혁으로 영국 정부가 1,000만 파운드, 약 150억 원에 해당하는 금액을 아꼈다는 연구 결과도 있다.

뉴턴이 한 일은 영국 경제에 큰 도움이 되었다. 뉴턴이 화폐 개혁 외에 했던 가장 큰 기여는 위폐범들을 잡는 일이었다. 뉴턴은 위폐범들을 잡기 위해 수사관으로서 현장에 직접 뛰어들었다. 가장 유명한 일화가 희대의 위폐범 윌리엄 챌로너(William Challoner)와의 이야기다. 그 당시 챌로너는 의회에 위조지폐범들을 잡는 방법에 대한 논문을 제출했을 정도로 조폐에 대한 지식이 뛰어났고 정치인들에게 신임을 받던 인물이었다. 장관들도 챌로너에게 지원금을 보낼 정도로 그를 신임하고 있었다. 그러나 뉴턴은 챌로너가 돈이 부족할 때마다 위조지폐를 만든다고 생각했다. 그래서 뉴턴은 복역 중인 죄수 중 챌로너를 잘 알고 있는 사람들을 빼내어 형량을 흥정해서 정보를 캐냈고, 챌로너에게 스파이를 붙여 증거들을 확보하기도 했다. 결국 뉴턴은 챌로너가 위조지폐를 만드는 현장을 급습하여 그를 체포할 수 있었다.

이렇게 뉴턴은 1696년부터 3년간 조폐국 감사로 재임하면서 위폐범 몇십 명을 추적, 체포하고 기소했다. 또한 1699년부터 생을 마감한 1727년까지 약 30년간 영국 조폐국장으로도 일했다.

뉴턴은 오랜 공직 생활을 하면서 많은 돈을 벌기도 했지만 재테크에 실패하기도 했다. 영국 정부의 채무 정리를 위해 세워진 남해회사의 주식이 순식간에 폭락한 사건이 있었다. 이때 뉴턴은 약 2만 파운드, 조폐국장의 월급 40년치에 해당하는 큰돈을 잃어버렸다. 이 사건 이후 뉴턴은 "천체의 움직임은 계산할 수 있어도 사람의 광기는 계산할 수 없다"는 말을 남겼다고 하니, 세기의 천재이자 화폐 개혁가도 재테크의 함정은 피할 수 없었나 보다.

참고 자료

『상위 5%로 가는 물리교실1』[(신학수 외 6인 지음, 스콜라(위즈덤하우스)] / 『뉴턴과 화폐 위조범』(토머스 레벤슨 지음, 뿌리와이파리) / 「뉴턴 연금술과 챌로너의 화폐 위조」(《서울경제》, 2017.03.23) / 「천체의 움직임은 계산할 수 있어도 인간 광기는 계산할 수 없다」(《동아사이언스》, 2020.01.23)

목화씨의 진실과 거짓

고려 말 문익점(1329~1398)이 원나라에서 귀국할 때 목화씨를 몰래 붓두껍에 담아와 목화 재배에 성공해서 우리나라에 목화 보급이 시작되었다는 이야기는 널리 알려진 바다. 이런 문익점에 대한 영웅 스토리는 조선시대부터 조금씩 윤색되어 극적인 이야기로 전개되었다. 그 이전에는 우리나라에 전혀 목화가 없었을까? 당시 원나라에서는 목화가 반출 금지된 상품이었을까? 문익점의 목화씨 밀수에 대한 진위를 알아보자.

고려 31대 공민왕(재위 1351~1374)은 원의 간섭에서 벗어나고자 반원자주 정책을 추진했다. 때마침 중국에서는 원나라가 쇠퇴하고 한족인 명나라가 일어나고 있었다. 이를 기회 삼아 공민왕은 반원자주 정책을 펼쳐 원 세력을 등에 업고 권력을 휘두르는 부원배들을 숙청했는데, 대표적 인물로 기철(?~1356)이 있다. 기철은 공녀로 원나라에 끌려가서 혜종의 황후가 된 기황후의 오빠다. 이후 기황후는 자신의 가문을 몰락시킨 공민왕에게 복수할 기회만 노리고 있었다.

당시 중국에서는 원나라를 몰아내고 한족 부흥을 내세우며 홍건적의 난이 일어났다. 그중 일부 세력이 원나라의 반격에 쫓겨 고려를 두 차례 침범했는데, 첫 번째는 잘 막아냈으나 두 번째는 수도 개경이 위태로울 정도였다. 이때 공민왕은 지금의 경상북도 안동(복주)으로 피란을 가게 된다. 이렇게 위기에 몰리자 고려 정부는 원나라와 관계를 개선하고자 1363년 사신단을 파견하는데, 이때 문익점은 사신단의 일원으로 서장관에 임명되어 원나라에 갔다. 서장관은 외국에 보내는 사신 가운데 기록을 맡아보던 임시 벼슬이었다.

원나라 기황후는 고려의 위기를 기회로 삼았다. 남편인 혜종(순제, 재위 1333~1370)을 부추겨서 공민왕을 폐위하고 충선왕(재위 1298, 1308~1313)의 셋째 아들 덕흥군을 왕위에 앉혔다. 이전에도 원나라는 고려의 왕들이 마음에 들지 않으면 몰아내고 새 왕을 즉위시키곤 했다. 문익점 사신단이 원나라에 도착한 직후, 덕흥군은 원 정부가 제공한 군사를 이끌고 고려로 향하던 차였다. 원의 황제는 막 당도한 고려 사신단에게 덕흥군을 왕으로 받들도록 했고, 이들은 공민왕과 덕흥군 중 하나를 선택해야만 했다. 결국 사신단 대부분은 원나라의 지원을 받는 덕흥군을 선택했고, 문익점도 덕흥군 편에 섰다. 이때 공민왕을 선택한 사신도 있었는데, 이들은 바로 고려로 돌아갔다.

덕흥군은 원의 대군을 이끌고 고려로 쳐들어갔지만, 제대로 싸워보지도 못한 채 고려의 무신 최영(1316~1388)과 이성계(1335~1408)가 이끄는 고려군에게 패하고 만다. 원 정부가 덕흥군의 옹립 계획을 포기하자 덕흥군 편에 섰던 고려의 사신들은 입장이 난처해졌다. 이들은 공민왕 입장에서 볼 때 배신자였기 때문이다. 어쨌든 사신단은 고려로 돌아가야 했다. 문익점은 고려로 돌아가면서 관직을 유지할 수 있으리라고 생각하지는 않았을 것이다. 목숨을 부지하기조차 어려운 상황이었을 테니 말이다. 이때 문익점은 귀국길에 목화씨를 챙겨온다.

『고려사』에는 "문익점이 본국으로 돌아오면서 목화씨를 얻어 갖고 와서……"라고 나와 있다. 또 『태조실록』 7년 기사(1398.06.13)에도 "(문익점이) 계품사(計稟使)인 좌시중(左侍中) 이공수(李公遂)의 서장관(書狀官)이 되어 원나라 조정에 갔다가, 장차 돌아오려고 할 때에 길가의 목면 나무를 보고 그 씨

44

목화

10여 개를 따서 주머니에 넣어 가져왔다"고 전한다. 이러한 기록에 따르면 문익점이 길을 가다가 목화밭 주인의 허락을 받고 몇 개 얻어온 것이다. 또 목화는 당시 반출 금지 품목이 아니었다. 원나라에서 금지 품목으로 정했던 것은 전쟁과 관련된 물품으로 지도와 화약 등이었다. 따라서 목화씨를 몰래 들여올 이유가 없었다.

문익점이 목화씨를 가져온 이유가 백성들에게 따뜻한 솜옷을 입히고 싶어서였는지, 아니면 고려로 돌아가면 관직을 잃게 될 것을 대비해 먹고살 궁리에서 비롯된 것인지는 알 수 없다. 하지만 그는 분명 목화솜이 많은 사람에게 이득이 될 것이라고 생각했을 것이다.

고려로 돌아온 문익점은 아니나 다를까 관직을 잃고 고향으로 낙향한다. 그는 장인 정천익과 함께 목화 재배에 성공하여 약 10년 만에 한반도 남쪽 일대에서 목화 재배가 널리 행해졌다. 또 목화솜에서 실을 잣는 기술을 배워 목화실로 무명천을 짜는 방법까지 알게 되었고, 이를 백성들에게 전수한다. 이로 인해 문익점은 백성들의 칭송을 받게 되었고, 그 공로를 인정받아 우왕 때 정계에 복귀하게 된다.

목화 재배 덕분에 백성들은 따뜻한 솜이불을 덮고 솜으로 누빈 옷을 입을 수 있게 되었다. 그전에는 구멍이 숭숭 뚫린 삼베 옷을 겹겹이 입었지만, 추위를 막아주진 못했다. 따라서 목화 재배는 급속도로 전파되었다.

그렇다면 우리나라에서 목화가 재배된 것은 이때가 처음이었을까? 사실 우리나라에서는 고조선 때부터 품종은 조금 다르지만 목화를 재배하고 있었다. 1999년에 충남 부여 능산리 백제 절터에서 6세기 것으로 추정되는 백제산 직물이 출토되었는데, 이는 2010년 우리나라에서 가장 오래된 면직물로 밝혀졌다. 문익점의 목화씨보다 무려 800년이나 앞선 것이다. 또 당의 사서 『한원』에는 고구려에서 면직물인 백첩포(중국 명칭)를 짰다는 기록이 있고, 『삼국사기』에도 통일신라 경문왕 9

조선 후기 풍속화가 김준근의 〈기산풍속도첩〉 중 물레질 모습

년(869)에 백첩포 40승을 당나라에 보냈다는 기록도 있다. 이렇게 고대부터 있었던 목화는 작고 생산성이 낮아 대중화되지 못했다. 그런데 문익점이 가져온 목화는 인도면으로 나무와 꽃의 크기가 커서 생산성이 높았고, 그 덕분에 의복 생활에 혁명이 일어날 수 있었다.

어쨌든 백성이 쉽게 옷을 만들어 입을 수 있는 목화씨를 처음 들여온 인물은 문익점이다. 그의 정치적 행보가 잘했건 잘못했건, 그로 인해 따뜻한 솜옷과 솜이불로 생활할 수 있게 된 후대 사람들은 그에 대한 고마움의 표현으로, 그의 행보를 붓두껍에 목화씨를 넣어 몰래 들여왔다는 영웅 이야기에 담아냈다.

▪ 참고 자료

『한국사 상식 바로잡기』(박은봉 지음, 책과함께) / 「문익점, 목화씨 훔쳐오지 않았다」(《우리문화》, 2014.09.24) / 문익점, 한국민족문화대백과사전 / 문익점, 나무위키 / 「'문익점 목화씨' 신화 깨졌다」(《한겨레》, 2010.07.15)

나폴레옹의 키가
150센티미터대로 알려진 사연

2019년 프랑스에서 프랑스 역사상 가장 위대한 인물에 대해 여론 조사를 실시했다. 3위는 제2차 세계 대전 때 임시 정부의 수반이었고 대통령을 역임한 샤를 드골(1890~1970), 2위는 절대왕정을 구축한 루이 14세(재위 1643~1715), 1위는 정복 전쟁을 통해 유럽을 제패한 나폴레옹(1769~1821)이다. '자랑스런 프랑스인'의 대명사로 자리 잡은 나폴레옹이지만, 말년에 그는 전쟁에 실패해 국민에게 버림받고, 세인트헬레나섬에 유배되어 쓸쓸하게 죽었다. 그럼에도 그는 전쟁 영웅으로 추앙받았고 지금까지도 그의 리더십이 연구될 만큼 모범적인 인물이다. 그런 반면 '나폴레옹 콤플렉스'라는 용어가 생겨날 정도로 그는 콤플렉스 덩어리였다고도 한다. 프랑스에서 가장 존경받는 인물인 그에게 열등감은 어떻게 생겨났을까?

한때 영웅이었지만 콤플렉스 덩어리였다? 모순된 말 같지만 나폴레옹은 그러했다. 그의 활동을 보면 모순적인 일이 많다. 단적인 예로 그가 혁명가로서 활동한 것은 맞지만, 전쟁을 통해 민족주의와 자유주의를 전파하고자 했던 것은 아니었다. 단지 혁명의 전파를 막으려는 주변 국가들의 공격을 정복 전쟁으로 평정해서 강력한 프랑스를 만들려고 했을 뿐이다. 또

젊은 시절의 나폴레옹

하나, 나폴레옹이 가장 심혈을 기울였던 것이 있는데, 바로 법전 편찬이다. 근대 법전의 기초가 되는 『나폴레옹 법전』은 『유스티니아누스 법전』『함무라비 법전』과 함께 세계 3대 법전 중 하나다. 나폴레옹은 "나의 명예는 전쟁의 승리보다 법전에 있다"고 말했을 정도로 법전 편찬에 대한 자부심이 강했다.

『나폴레옹 법전』에는 법 앞에서 평등, 취업의 자유, 신앙의 자유, 사유 재산의 존중, 소유권의 절대성 등 근대 시민법의 기본 원리가 반영되었다. 하지만 이 법전은 프랑스 혁명 기간 동안 성취된 각종 여성 관련 법들을 무효화했다. 여성은 남편에게 복종해야 하고 거주 이전의 자유나 양육권, 재산권을 갖지 못하게 했다. 즉, 여성을 남성의 소유물로 만들어버린 것이다. 수많은 전쟁터를 누비며 일반 병사들과 막사에서 함께 먹고 자면서 그들을 존중한 만큼 그들의 절대적 지지를 받은 그였지만, 여성들에 대한 인식은 중세적 한계를 벗어나지 못했다.

나폴레옹이 콤플렉스 덩어리였다고 해서 나폴레옹 콤플렉스라는 심리학 용어가 생겨난 것일까? 나폴레옹 콤플렉스는 키가 작은 사람들이 보상심리로 공격적이고 과장된 행동을 하는 것을 가리킨다. 현대 의학에서는 키뿐 아니라 외모, 경제능력 등에서 열등감을 갖는 사람들에게서도 나타나는 심리 상태로 정의한다. 그런데 실제 나폴레옹의 키는 작지 않았다고 한다. 그의 키가 작다는 소문은 어떻게 시작된 걸까? 나폴레옹 사후에 부검을 했는데, 그 부검 기록서에 기재된 나폴레옹의 키는 프랑스식 야드파운드법으로 5피에(pied) 2푸스(pouce)였다. 이것이 영국으로 넘어가면서 5피트(feet) 2인치(inch)가 된 것이다. 즉, 나폴레옹의 키가 작다는 것은 나라 간의 단위 차이로 생겨난 오해에서 시작되었다. 1피에는 32.48센티미터이고 1피트는 30.48센티미터이므로 프랑스 피에는 영국의 피트보다 1.06배(약 2센티미터) 더 계산해야 한다. 프랑스의 5피에 2푸스를 미터로 계산하면 나폴레옹의 키는 약 169센티미터이지만, 영국의 5피트 2인치를 미터로 계산하면 약 158센티미터다. 그래서 나폴레옹의 키가 150센티미터대라는 소문이 난 것이다. 실제 그의 키는 169센티미터였고, 당시 프랑스인 남자의 평균 신장이 164센티미터 정도였으니 오히려 큰 키에 속했다.

나폴레옹이 키가 작다는 소문이 확산하는 데 한몫한 것은 주변 환경 탓일 수도 있다. 황제가 된 후에 나폴레옹은 근위대와 늘 함께했는데 당시 근위대는 평균 170센티미터대 후반의 장신들이었다. 이들로 인해 나폴레옹이 상대적으로 작아 보였던 것이다. 또 하나는 나폴레옹이 늘 커다란 삼각형 모자를 쓰고 다녔는데, 이런 큰 모자가 키를 더 작아 보이게 했다. 나폴레옹을 콤플렉스 덩어리라고 했지만 키에 대한 콤플렉스는 없는 듯 보인다. 누군가 나폴레옹에게 키가 작다고 조롱하자, 그는 "비록 땅에서 재는 키는 작지만, 하늘에서 재는 키는 당신보다 훨씬 크다"고 답했다고 한다.

나폴레옹이 콤플렉스에 시달린 것은 키가 아니라 출신과 신분이었다. 그는 지중해 코르시카섬 출신의 하급 귀족으로, 어린 시절 가난하게 자랐다. 출신과 신분이란 한계를 넘고자 남보다 더 열심히 살아왔던 덕분에 그는 오늘날 프랑스 최고의

영국과 맺은 평화조약을 1803년 나폴레옹이 파기하고 영국에 대한 침략 전쟁을 준비하자 두 나라가 첨예하게 대립한 상황을 영국은 황소개, 나폴레옹은 코르시카 원숭이로 풍자한 그림

영웅이 되었는지 모른다. 오스트리아를 치기 위해 선택한 알프스 원정도 모두가 가망 없으니 포기해야 한다고 했으나 나폴레옹은 이를 관철했고 마침내 오스트리아와의 전투에서 승리했다. 이때 그는 알프스를 넘기 전에 "내 사전에 불가능이란 없다!"는 유명한 말을 남겼다. 이 말은 단적으로 그의 리더십을 보여준다.

　나폴레옹은 신분적 콤플렉스로 인해 정치적 야망을 펼치기도 했으나, 자신을 따르는 군사들과 국민에게는 믿음과 확신을 심어준 지도자였다. 또한 키가 작다는 나폴레옹 콤플렉스는 아무래도 나폴레옹의 재능을 시기하고 그의 신화를 깎아내리려는 사람들의 모략이 아니었을까.

【 참고 자료 】

『혁명의 시대』(에릭 홉스봄 지음, 한길사) / 『세계사 오류사전』(조병일 등 지음, 연암서가) / 나폴레옹 1세, 두산백과 / 나폴레옹은 키가 작았다?, 네이버 지식백과 / 「나폴레옹의 키는 5피트 2인치」(《아시아경제》, 2019.01.07) / 「프랑스 영웅 나폴레옹 서거 200주년, 다시 보는 그의 리더십」(《매경이코노미》, 2021.05.04)

10달러가 없어
특허권을 잃은 남자

'인생은 타이밍'이라는 말이 있다. 모든 일에 때가 있다는 뜻이다. 아무리 좋은 아이디어가 있어도 때를 만나지 못하면 빛을 보기 어렵다. 타이밍(timing)이란 '주변의 상황을 보아 좋은 시기를 결정함, 또는 그 시기'를 뜻한다. 타이밍은 인생에서 성공과 실패를 가르기도 한다. 영국 태생의 미국 과학자이자 발명가인 알렉산더 그레이엄 벨(Alexander Graham Bell, 1847~1922)은 타이밍을 잘 잡은 대표적 인물이다. 벨은 최초의 전화기 발명가로 널리 알려져 있는데 과연 그럴까?

알렉산더 그레이엄 벨이 발명한 전화기는 오늘날 없어서는 안 될 통신장치가 되었다. 하지만 벨이 전화기를 발명하기 전에 독일의 요한 필리프 라이스(Johann Philipp Reis, 1834~1874)가 먼저 전화기 발명에 성공했다. 그는 소리를 전류로 바꾸는 장치와 반대로 전류의 변화를 소리로 바꾸는 장치를 만들었다. 즉, 바이올린 위에 바늘에 전선을 감아 만든 전자석을 붙이고 전류가 들어오면 그 세기에 따라 전자석이 진동해 바늘이 바이올린에 소리를 전달하도록 한 것이다. 하지만 이 전화기는 발명품으로 인정받지 못했고 라이스의 죽음과 함께 사장되고 말았다.

그로부터 2년이 지났을 무렵 벨과 엘리샤 그레이(Elisha Gray, 1835~1901)가 각자 전화기를 발명했다. 두 사람은 같은 시기에 전화기를 발명했지만 '최초'라는 타이틀은 벨에게 돌아갔다. 인생에서 타이밍이 얼마나 중요한지 보여주는 대표적 사례다. 두 사람의 운명을 가른 일은 1876년 2월 14일에 일어났다. 벨은 유도전류에 의해 수화기 끝에서 음성이 재생되는 전화기를 발명하고 미국 특허청에 특허를 신청했다. 이는 전자석의 극근처에 있는 얇은 철판을 진동할 수 있도록 송수화기를 설계해 음성이 진동판을 떨리게 하여 재생되는 방식이었다. 우연히도 이날 미국의 대표적인 전기 연구가 엘리샤 그레이도 전화기 특허를 신청했다. 그러나 벨이 두 시간 먼저 와서 특허를

벨과 그가 발명한 전화기

신청해 특허권자는 벨이 되었다.

많은 사람이 전화기는 벨이 발명한 것이라고 알고 있는데, 사실 완성된 전화기를 만든 것은 벨보다 그레이가 먼저였다. 벨은 특허권자가 되긴 했지만, 실제 장치를 사용해서 통화에 성공하지는 못했다. 그러나 그레이는 특허를 신청하기 2년 전부터 공개적으로 전화기 시연에 성공했다. 엄밀히 말하면 벨은 세계 최초로 전화기를 '발명한' 사람이 아니라, 전화기에 대한 특허를 제일 먼저 받은 사람인 셈이다.

최초의 전화기를 누가 발명했는지는 현재까지도 의견이 분분하다. 벨과 그레이 외에도 두 사람이 더 있는데, 앞서 말한 독일의 요한 필리프 라이스와 이탈리아의 안토니오 메우치(Antonio Meucci, 1808~1889)다. 벨보다 무려 21년 앞서 전화기를 만들었다고 알려진 안토니오 메우치에게는 안타까운 사연이 있다. 그는 전화기를 발명한 뒤 특허를 내기 위해 특허청을 찾아가 1년짜리 임시특허를 받았지만, 매년 10달러가 드는 특허 갱신료와 특허권 취득 비용 200달러를 감당하지 못해 이를 포기했다. 이렇게 되자 메우치는 특허 등록을 위해 웨스턴유니언 전신회사와 논의를 했는데, 그 사이에 설계도와 전화기 모델을 잃어버렸다. 이후 메우치는 벨이 자신이 발명한 것과 유사한 전화기로 특허를 취득한 사실을 알게 되어 소송을 제기했으나 패소하고 만다.

최초의 특허권자인 벨을 겨냥한 소송 전쟁은 이후에도 끊임없이 일어났다. 벨은 전화기를 발명한 이후 18년 동안 600건이 넘는 소송을 당했는데, 주로 엘리샤 그레이와의 싸움이었다. 하지만 미국 법원은 매번 벨의 손을 들어주었다. 이렇게 해서 벨은 특허를 낸 미국에서 법원의 최종 확인까지 받음으로써 최초로 전화기를 발명한 사람으로 정리되었다.

이후 2002년 6월 미국 의회에서 "안토니오 메우치의 삶과 성취, 전화기 발명에서의 그의 업적을 기린다"는 내용의 결의안이 통과되었다. 특히 이 결의안에는 메우치가 특허권 신청비용 10달러만 있었어도 벨보다 먼저 특허권을 얻었을 것이라는 내용이 있다. 즉, 안토니오 메우치가 특허권은 얻지 못했지만 전화기 발명에서는 큰 공로자임을 인정한다는 것이다.

전화기 덕분에 삶의 질이 훨씬 높아졌다는 것은 누구도 부인할 수 없다. 확고한 신념으로 전화기 발명에 매진했던 네 사람모두 인류에 크게 기여했고, 그들 덕분에 '손안의 PC'로 불리는스마트폰과 함께하는 세상이 되었으니 말이다.

참고 자료

『발명상식사전』(왕연중 지음, 박문각) / 알렉산더 그레이엄 벨, 두산백과 / 「청각장애인 돕던 열정, 손쉬운 소통 길 열다」(《중앙선데이》, 2017.02.05) / 「소송으로 얼룩진 '벨의 전쟁'」(《사이언스타임즈》, 2015.12.21) / 「벨, 전화기 특허 획득」(《어린이조선일보》, 2017.03.07) / 「최초의 전화 발명가는 벨이 아니다?」(《한겨레》, 2012.02.06)

세계 첫 영화
불법 다운로더

인물의 역사

(?)

　내가 만든 창작물을 다른 사람이 이용해 경제적 이익을 얻는다면 얼마나 억울할까? 지식재산은 개인의 창작 활동을 넘어 산업 발전에 지대한 영향을 미치기 때문에 각국은 법률로 지식재산권을 보호하고 침해범들에게는 법적 책임을 묻는다. 지식재산권은 지적 활동으로 인해 발생하는 모든 재산권을 말하며, 산업 발전을 목적으로 하는 공업 소유권과 문화 창달을 목적으로 하는 저작권으로 나뉜다. 4차 산업혁명 시대로 일컬어지는 오늘날에는 콘텐츠를 생산하고 소비하는 사람들에게 지식재산권은 매우 중요하다. 최근 영화 〈미나리〉로 아카데미

여우조연상을 받은 윤여정 배우가 불법 다운로드를 하지 말아 달라고 호소할 만큼 문화 콘텐츠 산업에서 불법복제는 공공의 적이다. 그런데 세계 첫 영화 불법 다운로더가 발명왕 에디슨 이라면 믿을 수 있을까?

세계 최초의 SF 영화로 평가받는 작품은 1902년 조르주 멜리에스(Georges Méliès, 1861~1938)가 제작한 〈달세계 여행(A Trip To The Moon)〉이다. 19세기 후반부터 20세기 초반에 제작된 영화는 대부분 5분 이내의 활동사진을 이어 붙이는 방식이었으나 멜리에스의 영화는 14분 분량에, 다양한 촬영 기법을 사용

젊은 시절 에디슨과 그가 발명한 전구

해 연출했다. 즉, 두 화면을 합성하거나 화면이 점차 어두워지고 밝아지는 페이드인(fade-in)과 페이드아웃(fade-out) 기법, 두 화면이 겹쳐지는 장면 전환 방식인 디졸브 등을 실험적으로 사용한 것이다. 이러한 혁신적인 촬영 기법은 훗날 영화 촬영에서 많이 이용되었다.

조르주 멜리에스는 영화 제작자이면서 연극배우와 마술사로 활동했는데, 이러한 이력은 영화에 그대로 반영돼 촬영과 편집으로 관객을 속일 수 있었다. 〈달세계 여행〉은 이러한 '트릭'의 결정판이었다. 최초의 SF 영화답게 촬영 기법도 당시 영화들과 많이 달랐다. 뮤지컬 등에서 많이 쓰이는 커다란 배경 그림이나 미니어처 기법, 특수분장 등을 활용해 SF 영화다운 면모를 갖추었다. 영화에서 커다란 탄환 모양의 우주선이 달에 박히자 달이 인상을 찡그리는 모습은 그의 이력을 그대로 반영한 결과물이다. 이 영화는 유럽 전역에서 개봉되어 흥행에 성공했으나, 이후 진출한 미국 시장에서는 실패하고 만다.

그 이유는 발명왕 토머스 에디슨(Thomas Alva Edison, 1847~1931) 때문이었다. 에디슨은 일찍이 영화의 상업적 가치를 알아보고 촬영과 영사가 가능한 장치 개발에 힘을 쏟았다. 1888년 회사 직원인 윌리엄 딕슨(William K. L. Dickson)과 함께 활동사진 촬영기 키네토그래프, 영사기 키네토스코프를 발명해 1891년에 특허를 받았다. 또 당시 더 효율적이었던 뤼미에르 형제의 영사 방식을 차용해 미국 영화 시장을 독점해나갔다.

이때 〈달세계 여행〉의 정보를 입수한 에디슨은 영화 필름 1통을 유럽에서 빼돌려 복제한 뒤 자신의 배급망을 통해 엄청난 수익을 올렸다. 에디슨의 〈달세계 여행〉 불법복제는 지식재산권 침해라는 오명을 피하기 어렵다. 그러나 당시에는 라이선스에 대한 국제적 기준과 협약이 모호했고 영화의 발명이 오래지 않았던 시기라 유야무야 넘어갔다. 멜리에스가 미국에 진출했을 때는 이미 에디슨의 불법복제 필름으로 많은 대중이 영화를 관람한 뒤였다. 결국 미국 진출에 실패한 멜리에스는 파산했고, 이후 비참한 말년을 보냈다.

이쯤 되면 에디슨은 발명가가 아니라 돈을 좇는 사업가라고 해야 한다. 사실 전구도 에디슨 이전에 발명된 물건이었다. 최초의 전구는 1816년 험프리 데이비(Humphrey Davy)가 발명한 데이비 램프(Davy lamp)였다. 1844년에는 신시내티 출신의 19세 천재 소년 존 웰링턴 스타(John Wellington Starr)가 진공관에 들어 있는 탄소 필라멘트로 빛을 내는 백열전구를 발명했다. 1878년 영국에서는 조지프 스완(Joseph Swan)이 백열전구를 개발했는데, 이 스완 전구는 진공으로 된 유리구에 탄소 솜을 사용하여 성능도 매우 우수했다. 에디슨은 조지프 스완이 특허를 낸 뒤 10개월 후에 그의 아이디어를 차용해 특허를 받고 전구를 판매한다. 이를 알고 조지프 스완이 특허 소송을 냈고 에디슨은 소송에 패하자 조지프 스완의 특허권을 사들여 전구를 상용화했다.

이처럼 에디슨은 천재 발명가라기보다는 뛰어난 사업 감각으로 성공한 CEO에 가깝다. 에디슨이 최초의 불법 다운로더였다는 평가는 그가 남긴 말에서 더욱 확실해진다.

"산업과 상업에서 누구나 남의 것을 훔치기 마련이다. 나도 많은 것을 훔치면서 살았다. 하지만 난 어떻게 훔치면 좋은지 그 방법을 알고 있다."

참고 자료

「우주를 향한 최초의 상상, 조르쥬 멜리어스」(《이뉴스투데이》, 2019.05.18.) / 「"남의 영화 훔쳐 떼돈 번, 세계 첫 '영화 불법 다운로더'는 에디슨이었다"」(《아시아경제》, 2017.07.07) / 「발명의 이면사(裏面史)」(《한국경제》, 2017.07.30) / 「발명하지 않는 발명왕, 토머스 에디슨」(《딴지일보》, 2015.07.10)

표류하다가 3개 국어를 마스터한 홍어 장수

조선시대 홍어 장수 문순득(1777~1847)은 흑산도 인근에서 장사를 하고 돌아오는 길에 풍랑을 만나 표류했다. 이후 류큐국(오늘날 일본 오키나와), 여송(오늘날 필리핀 루손섬), 중국의 마카오, 광저우, 베이징을 거쳐 조선으로 오기까지 장장 3년 2개월이 걸렸다. 문순득은 표류하는 동안 류큐어, 여송어, 중국어를 익혀서 현지인들과 어느 정도 대화할 수 있었다. 3개 외국어를 마스터한 것이다. 3년이란 시간을 표류했다가 돌아왔다는 것도 대단하지만 3개 외국어까지 마스터하다니! 그럼 지금부터 220여 년 전 시작된 그의 미스터리한 표류 여정을 따라

가보자.

과거에는 항해 기술이 발달하지 않아 바다에서 풍랑을 만나면 표류하다가 인근 나라에 도착하는 일이 흔했다. 조선 후기만 해도 표류민 송환 사례는 1,000여 건에 이른다. 표류해온 외국인이나 외국에 표류했다가 돌아온 백성들에 대한 기록도 많이 남아 있다. 먼 이국땅을 표류해본 사람들 중에는 자신이 겪었던 모험담을 글로 남기기도 했는데, 이런 글을 '표해록(漂

문순득의 표류와 귀국 경로

海錄)'이라 한다. 성종 때 최부(1454~1504)가 명나라 기행을 기록한『표해록』, 영조 때 장한철(1744~?)이 제주에서 서울로 과거 보러 가다가 표류해 오키나와에서 겪은 일을 기록한『표해록』등이 있다. 이 중 가장 먼 거리를 오랫동안 표류하다가 돌아온 문순득의 '표해록'이 있다. 문순득은 전남 신안군 우이도에서 살았는데, 당시에는 소흑산도와 대흑산도가 있었고, 그는 대흑산도 인근 지역에서 홍어 등 현지 특산물을 구입한 후 나주 영산포를 오가며 홍어를 팔았다.

문순득은 25세였던 1801년 12월에 숙부와 마을 주민 5명과 함께 홍어를 사기 위해 대흑산도 인근 태사도에 갔다가 돌아오는 길에 폭풍우를 만나 표류하고 만다. 약 2주 후 오늘날 일본 오키나와인 류큐(琉球) 왕국에 간신히 도착할 수 있었다. 류큐 왕국은 원래 일본, 중국, 동남아시아, 조선 등과의 중개무역으로 번성한 독립국이었다. 하지만 1609년 일본 사쓰마번의 침공을 받은 후 일본의 간접 지배를 받다가 1879년 강제로 일본에 병합되어 멸망한 뒤 오키나와현이 되었다. 문순득이 도착했을 때 류큐 왕국은 일본의 간접 지배를 받고 있었다. 문순득 일행은 류큐 왕국에 머물면서 후한 대접을 받았는데, 쌀과 채소는 매일, 돼지고기는 가끔 지급되었으며 병이 들면 진찰도 받을 수 있었다. 약 8개월 동안 있으면서 문순득은 류큐

류큐 왕국 슈리성(현재 오키나와)

어를 배워 현지인과 소통하게 되어 조선에 갈 수 있는 방법을 알아냈다. 청나라로 가는 조공선을 타면 청의 베이징을 거쳐 조선으로 갈 수 있는 방법이었다. 당시만 해도 류큐 왕국에서 조선으로 가는 정기 배편이 없었기 때문이다. 1802년 10월 문순득 일행은 무사히 조공선을 타고 류큐 왕국을 출발했으나, 또다시 폭풍우를 만나 표류하고 만다.

천신만고 끝에 육지에 닿은 곳이 류큐 왕국 남쪽에 있는 여송이었다. 여송은 필리핀 루손섬으로, 당시 에스파냐의 식민지였으며, 조선과는 왕래가 없었다. 그래서였을까? 이곳에서는 대접을 받지 못해서 생계를 스스로 꾸려야 했는데, 끈을 꼬아서 팔거나 청나라 상인들의 쌀 거래 등을 도와주며 돈을 벌었다. 문순득은 약 9개월간 머물며 마을 곳곳을 구경하고 여송의 문화를 체험할 수 있었다. 여기서도 그는 천부적인 재능으로 말을 배워 현지인과 소통할 수 있었다.

이후 조선으로 돌아가는 방법을 물색한 후 문순득 일행은 필리핀 상선을 타고 지금의 마카오인 광둥성 오문에 도착하게 된다. 그곳을 출발해 약 1년 동안 육지로 이동하여 난징을 거쳐 베이징에 도착했고, 베이징에서 조선의 사신에게 인도되어 대여정을 끝내고 고향에 돌아올 수 있었다. 지금의 우이도인 소흑산도에 도착한 때가 1805년 1월이므로 무려 3년 2개월 만에 귀국한 것이다. 이로써 문순득은 뜻하지 않게 중국과 동남아시아 여러 나라를 돌아본 유일무이한 조선의 상인이 되었다.

이렇게 문순득의 표류 여정을 알 수 있게 된 것은 그의 글 '표해록' 때문이다. 그런데 평민인 그가 어떻게 '표해록'을 출간할 수 있었을까? 이 책은 당시 천주교 박해로 대흑산도에 유배 온 실학자 정약전(1758~1816) 덕분이다. 정약전은 대흑산도와 소흑산도를 오가며 생활하고 있었다. 이때 문순득을 만나 그의 표류 여정을 듣고 날짜별, 나라별, 주제별로 구분해서 정리한 다음, 류큐와 여송에서 배운 외국어들을 한글로 해석했다. 정약전은 표류의 처음부터 끝까지라는 뜻으로 이 책의 제목을 『표해시말』이라 했고, 이로써 문순득의 표류 여정이 세상에 알려지게 되었다. 불행히도 정약전이 저술한 『표해시말』은 원본이 남아 있지 않지만, 실학자 이강회가 우이도에 머물면서 집필한 『유암총서』에 그 원문이 필사되어 있다. 이강회는 정약전의 동생인 실학자 정약용(1762~1836)의 제자였다.

이후 문순득에 대한 기록은 『조선왕조실록』에도 나타난다. 그것은 오랫동안 해결하지 못한 표류인 문제를 문순득이 해결했기 때문이다. 문순득이 첫 표류를 한 1801년에 조선에서도 낯선 이방인 5명이 표류하다 제주도에 도착했다. 그런데 어느 나라 사람인지 조사를 하고 싶어도 말이 통하지 않았고, 외모도 낯설어 조선 조정에서는 이들을 중국으로 보내 신원을 확인하기로 했다. 그러나 중국에서조차 신원을 확인할 수 없다며 이들을 다시 조선으로 돌려보냈다. 이들은 한국말을 몰라 고향으로 가지 못한 채 무려 9년 동안 제주도에 머무르고 있었다.

그러던 차에 한 관리가 문순득의 표류 여정을 알고 그에게 도움을 요청했다. 이에 문순득이 제주도로 가 그들에게 말을 하자, 이방인들은 울고 웃고를 반복하더라는 기록이 남아 있다. 그들은 여송인, 즉 필리핀 사람들이었다. 문순득이 통역을 해준 덕분에 이들은 무사히 고국으로 돌아갈 수 있었다. 이후 조선 조정에서는 중국도 하지 못한 일을 문순득이 통역으로 해결하여 조선의 국격을 높였다고 칭송하며 그에게 종2품의 명예직을 하사했다.

문순득은 비범한 기억력과 뛰어난 언어 능력을 지닌 인물이었다. 표류 기간 동안 그 나라의 언어와 문화를 익히고 배워와 조선 사람들에게 알려주었다. 그가 필리핀과 마카오 등에서 접한 새로운 서양 문물은 실학자들과의 교류를 통해 영향을 끼치기도 했다.

참고 자료

「홍어장수 문순득의 표류기, 『표해시말』(최성환 지음, 《기록인》 2013 봄호, 22권) / 「조선의 문순득 표류기를 아시나요」(《한겨레》, 2008.08.29) / 『뜻밖의 한국사』(김경훈 지음, 페이퍼로드) / 『읽고 나면 입이 근질근질해지는 한국사』(정훈이 지음, 생각의길) / 문순득, 위키백과

HISTORY

2

직업과
경제의
역사

캐리비안의 해적은 사실 공무원이다

해적을 주인공으로 한 영화나 만화가 꽤 많다. 영화 〈캐리비안의 해적〉 시리즈나 일본 만화 〈원피스〉도 해적을 소재로 한 것이다. 역사를 보더라도 일본의 왜구와 영국의 해적이 주변 지역을 누비며 이름을 떨쳤다. 이들이 존재할 수 있었던 까닭은 약탈 행위를 인정받았기 때문이다. 즉, 전근대 나라들은 해적의 약탈을 어느 정도 허용한 것이다.

모든 해적이 그런 것은 아니지만, 캐리비안(카리브해) 해적들은 나라의 허가를 받고 활동했으며, 공고를 통해 고용되기도 했다. 오늘날에 빗대면 나라에서 고용한 공무원인 셈이다.

해적은 바다의 무법자로 군림하며 도적질을 하고 난폭했지만, 일부 공무원 같은 해적도 있었다는 것인데, 과연 그랬을지 과거로 떠나보자.

오늘날까지도 해적은 실존하고 있다. 우리와도 관계가 깊은 해적은 2011년 '아덴만 여명 작전'으로 유명해진 소말리아 해적이다. 이들이 우리나라 선원들을 납치하자 청해부대가 소말리아 인근 아덴만 해상에서 구출한 사건이었다. 또 2018년에는 기니만 인근에서 해적에게 납치된 우리 선원들을 협상 끝에 한국으로 송환하기도 했다.

해적이 정확히 언제부터 등장했는지는 알 수 없다. 고대 그리스인이나 트로이인들이 해적이었다는 주장도 있고, 신라 해적 신라구, 일본 해적 왜구, 유럽 중세를 시작하게 한 바이킹 등이 대표적 해적들이다. 신라구는 일본 고대 사서에만 등장하는데, 주로 쓰시마와 규슈 등지에서 활동한 것으로 보인다. 왜구는 13~16세기에 한반도와 중국 해안에서 약탈을 일삼던 해적이었다. 바이킹은 8세기 말~11세기 초까지 유럽과 러시아 등을 침입한 노르만족을 가리킨다. 이들은 단순한 해적이라기보다는 여러 이유로 민족이동을 했다고 보기도 한다.

또 해적 활동이 가장 활발했던 17~18세기 유럽 해적들이 있다. 가장 유명한 것이 당시 카리브해에서 활동한 '캐리비안 해적'이다. 'Caribbean'은 외래어 표기법에 따르면 '카리브'로 표기해야 한다. 캐리비안 해적 중에는 공식적으로 관직을 받고 활동한 사람들도 있었다. 이들이 주로 활약한 17~18세기에 해적이 되고 싶은 사람들은 유럽 각국 정부로부터 허가를 받고 해적으로 활동할 수 있었다. 바로 '사략면장(Letter of Marque, 私掠免狀)'이란 허가증인데, 일종의 사업자등록증인 셈이다. 이렇게 사략면장을 받아 활동하는 배를 사략선이라고 불렀다. 이 제도의 취지는 중세에 외국 군함이나 바이킹들의 공격을 피해 민간 함선이 무장해서 스스로를 지킬 수 있도록 허락해주는 것이었다. 그런데 대항해 시대 이후에는 해적들의 활동을 법적으로 보장해주는 제도로 변질되었다. 국가가 나서서 해적 활동을 허락해준 셈이다. 이렇게 된 배경에는 돈이 있

해적선

해적 지도

었다. 17~18세기 유럽 국가들이 진출한 서인도제도와 동남아시아 일대에서는 수많은 배가 금과 후추 등 각종 귀금속과 향신료를 가득 싣고 유럽으로 항해했다. 이를 탐낸 국가나 귀족, 상인들이 사략선과 계약을 맺어 중간에서 배를 약탈하도록 부추겼다. 이렇듯 사략선은 귀족이나 국가의 지원을 받아 활동하는 경우가 대부분이었다.

사략면장 제도는 넓은 바다로 진출하고자 했던 유럽 국가들에게는 희소식이었다. 정식으로 계약을 맺으면 다른 나라의 식민지에서 생산된 귀한 물건을 자국으로 가져올 수 있었으니 말이다. 그래서 식민지 경쟁에 늦게 출발한 영국과 프랑스가 사략선 허가증을 남발하기도 했다. 해적들은 이렇게 가져온 물건들을 귀족들에게 뇌물로 바치기도 했고, 국가의 재정 수

입을 공식적으로 담당하기도 했다. 영국의 해군 제독 프랜시스 드레이크(Francis Drake, 1545?~1596)가 가장 대표적인 해적 출신이다. 에스파냐의 무적함대를 궤멸한 것으로 유명한 그는 에스파냐와 포르투갈로 향하는 배들을 공격해서 약탈한 재물을 영국 왕실에 바쳤다. 이로 인해 영국 왕실은 막대한 재정 수입을 얻었고 엘리자베스 1세(재위 1558~1603)는 드레이크를 해군 제독에 임명했다.

해적이라고 하면 범법자, 도망자, 법의 테두리 밖에 있는 사람들을 떠올리기 쉽지만 이는 해적을 소재로 한 창작물이 준 이미지일 뿐이다. 실제로는 지극히 평범한 사람들이 해적단으로 많이 들어왔다. 해적들에게는 자치 규약이 있었다. 전리품을 공평하게 분배하기 위한 기준이 마련되어 있었고, 전투 중 신체의 일부를 잃을 경우 얼마를 보상해주겠다는 산업재해 수당도 규정되어 있었다. 게다가 음악 연주자들이 있어 휴식 시간에 음악을 들을 수도 있었다. 선원들보다 훨씬 좋은 대우를 받았기 때문에 해적들 중에는 선원 출신이 많았다. 당시 영국과 미국에서 가장 파업을 많이 일으키는 노동자는 선원이었다. 그만큼 대우가 열악했다는 뜻이다. 영국 선원의 경우 처우가 나빠서 수많은 사고와 질병에 시달렸는데, 선원 생활 1년 이내에 사망률이 50퍼센트에 가까웠다는 통계도 있다. 이에

비해 당시 해적들은 국가의 보호를 받으며 다른 배의 재물을 약탈했고, 자치 규약 등을 통해 노동자로서의 권리도 누릴 수 있었다.

선원 출신으로 유명한 해적이 바살러뮤 로버츠(Bartholomew Roberts, 1682~1722)다. 영화 〈캐리비안의 해적〉 시리즈와 만화 〈원피스〉가 그를 소재로 만들어졌다. 바살러뮤 로버츠는 선원 생활을 하다가 해적 두목이 되었으며, 용감하고 뛰어난 지도력으로 대규모 해적 선단을 이끌었다. 또 자치 규약을 정해 해적들의 권리를 보호해주었다. 그의 해적 선단은 카리브해와 대서양을 누비며 400척이 넘는 상선과 군함을 납치해 한때 두려움의 대상이기도 했다. 하지만 그는 사략선 허가증을 받은 해적이 아니었다. 그래서 영국 해군은 그를 잡으려 했고, 1722년 서아프리카 해상에서 영국 해군과 전투 중에 사망한다. 19세기에 가서 유럽 국가들은 해적들을 적으로 돌리면서 토벌하기 시작하는데, 자유무역 시대가 열리면서 더는 해적 산업이 필요 없게 된 것이다.

국제법상 모든 국가가 공공의 적으로 규정한 오늘날 해적들과 달리 17~18세기 유럽의 일부 해적들은 국가로부터 활동 허가를 받아 약탈 행위를 하면서도 처벌받지 않았다. 더 나아가 국가 재정에 이바지하고, 해군 제독이 되어 군공을 세우기도 했다. 식민지 경영의 일환인 약소국에 대한 약탈 행위와 별반 다르지 않은 해적 산업. 유럽 국가들은 이런 약탈 경제를 바탕으로 19~20세기 제국주의 시대로 치달았다. 그 끝은 엄청난 희생을 낳은 제1차 세계 대전이었다.

참고 자료

「'캐리비언의 해적'이 원래 공무원 집단?」(《아시아경제》, 2017.04.17) / 프랜시스 드레이크, 위키백과 / 해상강도, 위키백과 / 「캐리비언의 해적, 바르톨로뮤 로버츠」(《매일신문》, 2011.05.17) / 『삐딱하게 보는 민주주의 역사』(김대갑 지음, 노느매기)

모피 사냥과 월 스트리트

"브라질 밀림에 사는 나비의 작은 날갯짓이 미국 텍사스를 강타하는 토네이도를 일으킬 수 있다." 나비효과를 설명할 때 흔히 인용되는 말이다. 미국 기상학자 에드워드 노턴 로렌즈(Edward Norton Lorenz, 1917~2008)가 처음 사용한 나비효과는 초기 조건의 사소한 변화가 전체에 막대한 영향을 미칠 수 있음을 이르는 말이다. 나비효과의 영향을 여실히 느낄 수 있는 흥미로운 사건이 있다. 미국 뉴욕시 맨해튼섬 남쪽 끝에 있는 국제 금융 시장의 중심지 월 스트리트가 '비버' 때문에 세워졌다고 하는데, 이것을 어떻게 나비효과로 설명할 수 있을까?

비버 이야기에 앞서 모피의 역사를 알아보자. 모피는 유럽의 추운 겨울을 견디게 해주고, 무엇보다 귀족들이 멋을 내고 격식을 차리는 데 널리 이용되었다. 귀족이라면 비버 모피로 만든 모자나 코트를 입는 게 당연한 문화였다. 이로 인해 사냥 꾼들은 '부드러운 금'으로 불린 모피를 구하고자 물불 가리지 않고 덤벼들었다. 모피가 마치 계급장처럼 사용된 것이다. 하지만 그렇게 모피 수요가 많으면 비버가 멸종되지 않을까? 그런 걱정이 생길 무렵 콜럼버스가 신대륙에 상륙했다. 그곳에는 유럽에 사는 비버보다 체구가 더 큰 비버가 9,000마리 넘게 살고 있었다. 이후 에스파냐와 포르투갈은 중남부 아메리카를, 네덜란드와 프랑스는 북아메리카를 장악하고 비버 사냥을

유럽 귀족들의 모피 재료로 쓰인 비버

82

시작한다. 또 유럽인들이 모피에 열광한다는 사실을 안 원주민들도 자신의 이득을 챙기거나 생존하기 위해 유럽인의 비버 사냥을 도왔다.

모피 사냥 덕분에 개발된 곳이 시베리아와 북아메리카다. 그중에서도 명품 모피로 손꼽히는 비버는 북아메리카의 역사를 바꾸었다. 유럽인이 북아메리카를 발견해 광대한 삼림과 야생동물, 특히 풍부한 비버의 모피를 손에 넣은 이후 17세기의 북아메리카는 유럽의 짐승 털 펠트, 모피 코트와 의류에 사용되는 가죽의 주요 공급원이 되었다. 모피로 큰돈을 벌게 되자 비버 사냥은 유럽뿐만 아니라 추운 나라 하면 빼놓을 수 없는 러시아에서도 성행했다. 시베리아 땅은 너무 추워 섣불리 들어가려는 사람이 없었다. 16세기 후반에 들어서야 뒤늦게 시베리아가 개척되었는데, 그 이유가 다름 아닌 '모피' 때문이었다. 한때 러시아의 비버 가죽 수출액이 재정의 11퍼센트를 차지하기도 했다. 또 사람들은 비버에게서 모피만이 아니라 귀한 해리향도 얻었다. 북아메리카산 비버의 포피선(包皮腺)을 말려 가루로 만든 해리향은 특이한 냄새가 나서 향료로 쓰이고, 진통제로도 쓰였다. 사람들의 욕심이 비버에게서 나올 수 있는 모든 것을 뽑아낸 셈이다.

모피 사냥은 더욱 빠른 속도로 퍼져나갔다. 1621년에 네덜란드가 에스파냐와 포르투갈에 맞서 아메리카, 아프리카와 무역을 하기 위해 서인도회사를 세웠다. 이후 서인도회사는 1625년에 북아메리카 맨해튼섬에 비버 모피를 구입하기 위해 가죽 거래소를 세웠다. 당시 그 섬에는 인디언들이 살고 있었는데, 네덜란드 상인들이 인디언들로부터 조가비 구슬, 옷감, 주전자, 단검 등 24달러어치 물품을 주고 아예 맨해튼을 사버렸다. 가죽 거래는 맨해튼 남단에 있는 배터리파크(Battery Park)에서 이뤄졌고, 비버 모피를 거래하기 위해 많은 사람이 맨해튼으로 모여들었다. 네덜란드인들은 맨해튼에 고향과 비슷한 도시를 건설하고 뉴암스테르담이라고 불렀다. 지금도 배터리파크 남단이 네덜란드의 분위기를 풍기는 이유다. 이때 정착한 네덜란드인들은 인디언들과 치열한 싸움을 벌였고, 1653년에는 영국이 식민지 확장을 위해 뉴암스테르담에 침입할 것에 대비해 섬의 남쪽 끝에 높은 나무 벽(Wall)을 세웠다. 월 스트리트(Wall Street)라는 명칭은 여기서 유래한 것이다.

하지만 17세기 후반 영국과 네덜란드가 해상 무역권을 두고 전쟁을 벌였는데, 이 전쟁에서 영국이 승리한다. 이로 인해 1664년 네덜란드는 뉴암스테르담을 영국에 빼앗겼다. 새 주인이 된 영국 왕 찰스 2세는 이곳을 자신의 동생 요크(York) 공작에게 선물로 주었다. 요크 공작의 이름을 따서 뉴암스테르

담은 뉴욕(New York)이란 이름으로 바뀌었다. 뉴암스테르담이었을 때 네덜란드인들이 세운 나무 벽은 1699년 영국군이 철거해 지금은 흔적을 찾아볼 수 없다. 이후 1792년 뉴욕의 증권 브로커들이 발표한 '버튼우드 합의서'가 미국 증권거래소의 기원이 되었다. 이 합의서는 '주식 매매 수수료는 매매 대금의 0.25퍼센트로 정한다'는 내용이었다. 그리고 200년이 훌쩍 지난 지금 월 스트리트는 세계 금융의 중심지가 되었다. 뉴욕 맨해튼섬의 남쪽 끝 도로인 월 스트리트가 비버 모피 장사에서 시작되었다는 작은 역사적 배경이 나비효과를 일으켜 미국 경제의 중심지로 성장한 것이다.

역사에서 모피 사냥이 차지하는 비중은 상상 이상으로 높았다. 모피는 과시를 위한 사치품이었고, 그것을 쟁취하려는 인간의 욕망이 오늘날의 뉴욕을 만들어냈으니 월 스트리트는 비버 때문에 세워졌다고 할 수 있다.

▬▬ 참고 자료

『세상을 바꾼 다섯 가지 상품 이야기』(홍익희 지음, 행성B잎새) / 「수달·비버·담비가 세계사를 바꾸다」(이강원 글, 《신동아》, 2019년 2월호) / 『상위 5%로 가는 지구과학교실 3』(신학수 외 지음, 스콜라) / 월가, 네이버 지식백과

로마 제국의 흥망성쇠를 좌우한 이것은?

직장인들은 일을 한 대가로 월급을 받는다. 이들이 받는 급료는 월급보다는 봉급에 가깝다. 월급이 한 달을 단위로 받는 급료라면, 봉급은 한 직장에서 정기적으로 받는 보수이기 때문이다. 과거 우리나라에서는 봉급이란 개념보다 일 년에 몇 번 나라에서 관리들에게 주는 녹봉이 있었다. 근현대에 이르러 서양식 회사, 기업 등이 생겨나면서 샐러리(salary)와 샐러리맨(salaryman)을 봉급과 직장인으로 번역했다. 그런데 샐러리맨과 관련된 음식이 있다. 바로 소금이다. 왜 소금을 뜻하는 단어가 샐러리 또는 샐러리맨의 어원이 되었을까? 그것은 아주 오래전에 소금이 화폐 역할을 했기 때문이다. 금속제련과 수공업 기술 등이 발달되기 전에는 아시아, 아프리카 등지에서 소금이 화폐로 쓰였다. 특히 고대 로마에서도 소금이 귀해 화폐 역할을 하면서 관리나 군인들의 급료를 소금으로 지급했는데 당시 라틴어로 살라리움(salarium)이라 했다. 그 후 로마는 제정시대에 들어서면서 봉급을 돈으로 지급했지만, 봉급은 여전히 살라리움으로 불렸다.

살라리움(salarium)에서 sal은 소금을 뜻한다. 우리가 현대에 쓰는 말들 중에 '샐러리'처럼 소금에서 유래한 단어가 많다. 오늘날 병사 또는 사병을 뜻하는 솔저(soldier)는 원래 로마 병사를 가리켰다. 로마에서는 병사들을 '소금을 받는 사람'이라고 해서 솔저라고 불렀다. 채소와 과일 등을 소스와 버무려 먹

로마 병사

는 샐러드(salad)도 소금과 관련 있다. 샐러드는 원래 채소를 소금에 절이면 채소의 쓴맛이 없어진다고 해서 생겨났는데, 이 말은 소금에 절인다는 뜻인 salted에서 나왔다. 또 소금과 관련된 도시 이름도 있다. 동유럽 소금의 유통지였던 잘츠부르크(Salzburg)는 이름 자체가 '소금 성'이라는 뜻이다. 오스트리아의 도시 잘츠부르크는 뮤지컬 영화 〈사운드 오브 뮤직〉의 촬영지로도 유명하다. Salzburg에서 Salz가 독일어로 소금을 뜻한다. 유럽 도시 이름 중 잘츠(Salz)가 붙은 도시는 대부분 소금 광산으로 유명한 곳이다. 잘츠부르크도 소금을 캐어 팔면서 부유해졌다. 이 경제력을 바탕으로 문화가 발달해 모차르트 등을 배출한 음악의 도시로도 유명해진 것이다. 이렇듯 소금은 직업을 부르는 명칭이 되고 도시의 이름이 될 정도로 예전에는 영향력이 컸다.

그럼 소금과 로마 제국은 어떤 관계가 있을까? 로마 제국은 소금의 영향을 굉장히 많이 받았다. 로마가 제국으로 발전할 수 있었던 요인 중 하나가 소금이었다. 원래 로마는 기원전 8세기에 남부 이탈리아반도의 조그만 어촌에서 시작된 도시국가였다. 로마가 발전한 이유는 특히 염전과 관계가 깊다. 로마는 이탈리아 중부를 흐르며 로마시를 관통하고 티레니아해로 흘러가는 테베레강 하류에 세워져, 이곳에서 생산되는 소금으로 무역을 하며 성장했다. 당시 소금은 금값에 버금갈 정도여서 로마인들은 소금을 '신들의 선물'로 불렀다. 기원전 640년에 로마인들은 로마 인근 항구도시 오스티아에 대규모 제염소를 건설하는데, 여기에서 나온 소금이 품질도 좋고 가격도 저렴했다. 이 소금을 구하기 위해 유럽 각지에서 상인들이 로마로 몰려들었고 그 덕분에 로마는 막대한 부를 쌓을 수 있었다. 또 소금을 유럽 각지로 운반하기 위해 로마를 중심으로 많은 도로가 건설되었다. 이 길들을 통해 로마에서 유럽으로 유통된 소금의 양만 해도 연간 1만 톤이 넘었다. 이 길은 소금 길이라는 뜻으로 '비아 살라리아(via salaria)'라고 불렀다. 즉, 테베레강 하구에서 만들어진 소금은 비아 살라리아를 통해 이탈리아반도를 횡단해 유럽 내륙으로 운반되었다. 이 길들은 훗날 로마 군대의 교통로가 되어서 로마 제국이 부흥하는 데 기반이 된다. "모든 길은 로마로 통한다"는 말도 결국 비아 살라리아에서 비롯되었다고 볼 수 있다. 이 길은 지금도 로마 근교에 남아 있다.

반면 로마의 쇠퇴 역시 소금과 관계가 있다. 기원후 1세기 무렵 해수면이 높아지면서 로마는 가지고 있던 염전을 상실했고 소금을 흑해에서 수입하게 되었다. 이후 중요한 부의 근원을 잃은 로마의 경제력은 급격히 약화되었다. 결국 세계에서

이탈리아 트리파니 염전

가장 유명한 로마 제국의 흥망이 소금에서 출발한 셈이다.

소금은 인간의 생명을 유지하는 데 없어서는 안 될 필수 식품이다. 그래서 동서양을 막론하고 고대에는 황금만큼 보배로운 존재였다. 로마뿐만 아니라 중국과 우리나라에서도 소금은 화폐로 이용되었고, 소금을 얻기 위한 정복 전쟁도 많았다. 중국 한무제(재위 BC 141~BC 87) 때는 소금에 대한 전매제를 시행해서 나라가 소금 거래를 독점했다.

고구려 광개토 대왕(재위 391~412)은 전쟁을 통해 영토 확장을 꾀한 왕으로 유명하다. 영토 확장 이유 중 하나가 소금을 구하기 위해서였다. 산악 지대가 많았던 고구려에서는 소금이 매우 귀했다. 그래서 거란 지역의 '소금이 흐르는 강'으로 불리는 시라무렌강을 차지하게 되면서 소금을 안정적으로 공급할 수 있게 되었다. 또 소금 무역을 통해 재정을 확충해 오랫동안 정복 전쟁을 단행할 수 있었다. 이와 같이 소금은 단순한 식품이 아니라 나라의 흥망성쇠에도 관여할 만큼 중요한 자원이었음을 알 수 있다.

▰ 참고 자료

『세상을 바꾼 다섯 가지 상품 이야기』(홍익희 지음, 행성B) / 『식탁 위의 세계사』(이영숙 지음, 창비), 『말문을 열어주는 이야기 창고』(홍영애 등 지음, 북라인) / 「홍익희 교수의 음식교양 이야기(로마 제국)19」(《헬스컨슈머》, 2019.12.03) / 「로마시대 군인들 봉급 '하얀 황금'」(《연합뉴스》, 2020.07.19)

최초의 파업은
고대 이집트에서

기록으로 남겨진 최초의 파업은 피라미드 건설 현장에서 일어났다. 보통 문학작품이나 영화에서 피라미드 건설 현장은 노예들이 채찍을 맞아가며 힘든 노동에 시달리는 것으로 묘사되곤 한다. 하지만 최근 연구에 따르면 피라미드 건설 노동자들은 노예가 아니라 임금 노동자임이 밝혀졌다. 이들은 오늘날과 유사한 노동환경에서 일을 했고, 파업까지 했다는 기록이 남아 있다.

이집트의 수도 카이로에서 남서쪽에 위치한 기자 지역 사막에 피라미드 여러 개가 있는데, 그중 이집트 제4왕조 파라오 쿠푸(BC 2589?~ BC 2566)의 피라미드가 가장 크다. 이 피라미드는 2.5~10톤짜리 화강암 235만여 개로 만들어졌는데, 밑변 네 면이 230미터, 높이가 147미터에 달한다. 고대 세계의 7대 불가사의 중 하나로, 유일하게 현존하는 건축물이다. 그리스의 역사학자 헤로도토스(BC 484~BC 425)는 저서 『역사』에서 파라오 쿠푸가 노동자 10만 명을 동원해 20년에 걸쳐 만든 피라미드라고 기록하고 있다. 헤로도토스는 노동자들을 왕의 노예로 보고 가혹하게 혹사당했다고 묘사했는데, 근래 들어 피라미드 건설에 동원된 노동자들이 노예가 아니었다는 사실들이 밝혀졌다. 게다가 이들이 파업까지 단행한 사실도 기록되어 있다.

오른쪽이 쿠푸 왕의 피라미드, 중간이 카프라 왕의 피라미드, 왼쪽이 멘카우라 왕의 피라미드다. 사진에서는 가운데 있는 카프라 왕의 피라미드가 커 보이지만 가장 큰 것은 쿠푸 왕의 피라미드다.

이러한 기록들은 어떻게 발견되었을까? 쿠푸 피라미드 주변에서 수많은 무덤이 발굴되었다. 피라미드 건설에 동원된 사람들의 무덤인데, 성인 남자 유골만 있는 것이 아니라 비슷한 숫자로 여자 유골도 함께 있었다. 게다가 유골 중에는 부러졌다가 치료된 뼈와 절단된 뼈도 있었다. 이러한 것을 볼 때 피라미드 건설에 동원된 노동자들은 가정을 이루고 살았던 것으로 보인다. 일하다가 뼈가 부러지면 치료를 받아 다시 붙이기도 하면서 일을 했을 것이다. 노예라면 가정을 이루기는커녕 다쳐도 치료조차 받지 못했을 것이다.

더욱 확실히 알 수 있는 기록은 피라미드 주변에서 발견된 석판이었다. 석판에는 작업에 참여한 노동자들의 출퇴근 시간과 직군별, 숙련도별, 노동시간별로 임금을 준 기록들이 세세하게 적혀 있었다. 즉, 노동자들의 출결 현황과 결근 사유가 적혀 있는데, 그중에는 과음으로 인해 숙취가 심해서 출근하지 못했다는 내용도 있었다. 이들은 하루 8시간씩 8일 일하고 2일 쉬었고, 쉬는 날도 임금을 받았다. 이들의 임금 수준은 당시 물가를 고려해보면 산업혁명기 영국 노동자보다 많은 급여를 받은 것으로 보인다. 또 몸이 아프거나 잔치가 있으면 쉴 수 있었다. 노동자들이 피라미드에 긁적여놓은 낙서에는 오늘은 돈을 얼마 받았고, 생필품으로 뭐가 제공됐는지, 또 감독관

피라미드 건설 노동자들

과 싸워서 며칠 동안 안 나갔다가 마누라에게 바가지 긁혀서 결국 나갔다고 투덜거리는 내용도 있다. 이러한 내용으로 보아 당시 피라미드 건설 노동자들이 노예가 아닌 자유민이었음을 알 수 있다.

피라미드 건설 노동자들이 자유민임을 알 수 있는 또 다른 기록도 있다. 파업에 관한 내용인데, 약 3000년 전 파라오 람세스 3세(?~BC 1156) 시기에 쓰여진 파피루스에 남아 있다. 파라오 신전 건설 현장에서 임금이 체불되자 노동자들이 3일 동안 파업해 주장을 관철했다는 내용이다. 당시 노동자들의 주장은 '체불임금 지급, 노동시간 단축, 간식으로 무를 제공할 것' 등이었다. 파업 방법은, 출근은 하되 시원한 그늘에 누워서 급료를 받기 전까지 일하지 말고 버티자는 것이었다. 노동자들은 일한 만큼의 대가를 받고 노동력을 재충전하기 위해 음식과 휴식을 요구하며 투쟁했고, 결국 체불임금을 받아냈다. 파업 노동자들은 대개 피라미드 건설과 단장을 담당하는 건축가, 석공, 목수, 금속 세공사 등 전문적 기능사들이었다.

그렇다면 이집트에서는 왜 파라오의 무덤과 신전 등을 많은 시간을 투자해가며 만들어야 했을까? 폭군 파라오가 노예들을 가혹하게 착취해가며 거대한 건축물을 만들어 자신의 위상을 높이려 했다고 볼 수도 있다. 하지만 노예도 아니고 자유민, 즉 백성들에게 임금을 주느라 세금을 축내면서까지 거대한 건축물을 만들어야 했을까?

그것은 나일강의 범람과 관련이 있다. 나일강은 1년에 3~4개월 정도 범람하는데, 이 기간에는 농부들이 농사일을 할 수 없었다. 그래서 이집트 지배층은 생계가 막막해진 농부들을 구제하기 위해 방책을 마련했다. 그들은 평소 거둬들인 세금을 이용해서 피라미드 건설이라는 국책사업을 벌인 것이다. 피라미드 건설이 미국의 뉴딜정책과 같은 공공사업이라고 단언하기는 어렵지만, 자유민과 계약을 맺고 임금을 지급해 생계를 보장해주었다는 점에서 일리가 있어 보인다.

산업혁명과 그 이후 벌어진 노동 현실과 비교해보면 당시 이집트 노동자들은 정당한 노동의 권리를 인정받았다. 더욱 놀라운 사실은 고대 이집트가 오늘날 못지않은 복지 정책을 실시했다는 점이다. 이집트에 대한 고정관념은 영화나 문학작품에 담긴 기독교 중심의 서구 문명에서 바라본 시각을 비판 없이 수용한 데서 비롯된 것으로 보인다.

참고 자료

『B급 세계사』(김상훈 지음, 행복한작업실) / 「쿠푸왕 피라미드」(정남기 글, 《한겨레》, 2007.07.11) / 「피라미드는 정말 '임금 노동자'가 지었나」(《한겨레》, 2010.01.11) / 피라미드, 이집트, 나무위키 / 「세기의 건축물은 강제 노역 산물?⋯⋯ 정당한 임금 노동이 많았다」(《문화일보》, 2018.08.07) / 「피라미드 건축의 비밀」(브런치, 매거진 문화상식, 2016.01.25)

관리가 되려면
구구단은 필수

구구단은 삼국시대부터 사용해왔다. 조선시대에는 회계를
다루는 공무원을 산원(算員)이라 했는데, 이들에게 구구단은
필수였다. 선조들이 사용한 구구단은 9단부터 시작하는데 2단
부터 시작하는 지금의 구구단과는 달랐다. 역사 속 구구단의
실체를 알아보자.

현재 우리가 알고 있는 구구단은 중국에서 기원전 10세기
무렵부터 등장했다는 것이 정설이다. 특히 5세기 남북조시대
수학자 조충지(祖沖之, 429~500)는 구구단 계산법으로 동양 최
초로 원주율을 계산해낸 것으로 유명하다. 그러면 우리나라에

는 언제 구구단이 들어왔을까? 일제강점기에 일본이 우리나라에 구구단을 전파했다는 설도 있는데, 그러한 주장은 일본에서 8세기 무렵에 사용했던 구구단이 적힌 목간이 발견되었기 때문이다. 즉, 일본이 우리나라에 구구단을 전해주었다는 것이다. 지금까지 삼국시대부터 구구단이 널리 퍼져 있었다는 것이 정설이지만 이를 뒷받침해주는 증거가 없었다. 그런데 2011년에 백제 도읍지였던 부여 쌍북리 주택 신축공사 현장에서 구구단이 적힌 목간이 발견되었다. 이것은 2016년에 구구단 목간임이 밝혀졌다. 우리나라에서도 구구단이 사용되었다는 증거가 처음으로 나온 것이다. 이로써 6~7세기 무렵부터 구구단을 사용해 수학을 실생활에 적용하고 가르쳤다는 것을 증명할 수 있게 되었다.

오늘날 사용하는 구구단은 $2 \times 1 = 2$, $2 \times 2 = 4$로 시작해서 $9 \times 9 = 81$인 9단에서 끝난다. 그런데 발견된 목간의 구구단 순서는 약간 다르다. 첫 단이 $9 \times 9 = 81$, $8 \times 9 = 72$, $7 \times 9 = 63$ 순으로 되어 있고, 두 번째 단은 $8 \times 8 = 64$, $7 \times 8 = 56$……, 세 번째 단은 $7 \times 7 = 49$……. 이렇게 한 단씩 내려오면서 앞에 나온 수들은 생략되어 있다. 그래서 마지막 단에는 $2 \times 2 = 4$만 적혀 있다. 1단은 모두 생략되었다. 아마 쉬워서 넣지 않은 듯 보인다. 이 목간이 발견된 부여 쌍북리 일대는 백제시대에 관청과 관영 창고 등이 모여 있던 곳이다. 문서나 물건이 드나드는 것을 기록할 때 구구단이 필요했을 것이다. 계산할 때 외운 구구단을 사용했겠지만 더욱 확실히 하기 위해 목간으로 구구단표를 만

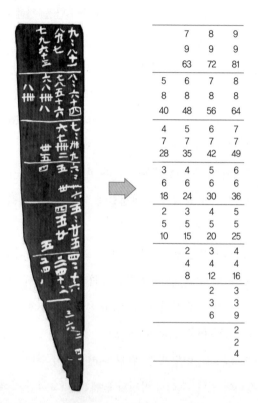

	7	8	9
	9	9	9
	63	72	81
5	6	7	8
8	8	8	8
40	48	56	64
4	5	6	7
7	7	7	7
28	35	42	49
3	4	5	6
6	6	6	6
18	24	30	36
2	3	4	5
5	5	5	5
10	15	20	25
	2	3	4
	4	4	4
	8	12	16
		2	3
		3	3
		6	9
			2
			2
			4

부여 쌍북리 유적에서 출토된 백제 목간과 구구단. 적외선 촬영을 통해 희미하게 구구단표를 발견할 수 있었다. 오른쪽 표는 이를 바탕으로 만들어본 구구단표다.

들어 확인한 것으로 보인다.

그런데 왜 구구단이라고 했을까? 동양에서는 9를 경외로운 숫자로 여겼고, 단수 중 가장 큰 수여서 무한의 의미도 있다. 중국에서는 하늘이 9층으로 되어 있다고 여겨 9중천 또는 9천이라 했으며, 9층에는 천제가 살고 있다고 보았다. 이처럼 9에 대한 신봉으로 구구단으로 불렀다고도 하고 다른 이유도 있다. 지금은 구구단이 2단부터 시작하지만 백제의 목간에서도 보이듯 과거에는 9단부터 시작했다. 과거 중국과 우리나라에서는 구구단을 9단부터 외우게 한 것인데, 왜 외우기 어려운 9단부터 시작했을까? 그것은 당시 계산이 필요한 사람은 일반 백성들이 아닌 귀족이나 특수 계급이었기에 구구단을 어렵게 하여 학문적 가치를 높이고자 했기 때문이다. 그래서 구구단은 관리들에게는 기본 소양에 해당하는 학문처럼 여겨졌다. 특히 조선시대 세종(재위 1418~1450)은 관리들에게 의무적으로 구구단을 외우게 했다.

우리나라에서는 전통적으로 수의 개념과 간단한 계산, 법칙 등을 산술(算術)이라고 불렀다. 이 산술을 깊이 있게 연구하는 학문을 산학(算學)이라 한다. 『삼국사기』 통일신라 부분을 보면 국학에 산학박사를 두고 산학과 산술을 가르쳤다는 기록이 있다. 고려에서도 국자감에 산학박사를 두고 산학을 가르쳤다. 또 과거제도에서 기술직을 뽑는 잡과가 있었는데, 그중에 일종의 회계사를 뽑는 명산업 시험이 있었다. 이때 회계 담당 관리가 산원(算員)이었다. 조선에서는 재정을 담당하는 호조 산하에 산학청이 있어 회계 업무를 전담했고, 관리에는 산학훈도와 산원이 있었다. 산원은 과거 시험인 잡과에서 뽑지 않고 간단한 시험으로 하급 관리나 하급 기술관을 뽑는 취재를 통해 선발되었다. 이를 '산학취재(算學取材)'라 했다. 이 시험 과목 중 많은 문제가 세금 정산에 필요한 계산법을 다루었으며, 토지 측량을 위해 다양한 형태를 띤 도형의 넓이를 구하는 문제들도 포함되어 있었다. 조선시대 법전인 『경국대전』에는 산원을 뽑는 시험 교재로 중국에서 들어온 『산학계몽』 『상명산법』 『양휘산법』 등의 산학서를 고시해두었다. 『산학계몽』에는 구구단과 셈하는 법이 수록되어 있다.

세종은 조선 전기에 학문과 문화를 꽃피운 왕이었다. 그는 산학의 중요성을 알고 있었다. 『세종실록』에 이와 관련된 행적이 기록되어 있다. 세종은 중국의 산학서 『산학계몽』을 부제학 정인지를 스승 삼아 배우고 익혔으며, 산학서를 산학과 천문학 관련 관리들에게 하사하고 공부하라고 권하기도 했다. 또 중국에서 산학을 공부하고 오도록 유학생을 선발했다. 왕이 나서서 산학을 공부했으나 과거제도에 산학 시험이 없고 하급 관리를 뽑는 산학취재를 통해 산원을 뽑은 것으로 보아 조선시대에는 산학이 중시된 학문은 아닌 것 같다. 대부분의 사대부는 유학을 공부했을 뿐 산학 공부는 부끄럽게 여겨 기피했다. 즉, 산학은 사대부가 배워야 할 학문이 아니었다. 하지만 산학에 깊은 관심을 가진 사람들도 있었다. 학자이자 현감을 지낸 황윤석(1729~1791)은 여러 도형과 수학적 기호 등을 수록한 『산학입문』을 저술했고, 천문학자인 남병길(1820~1869)은 산수의 여러 법칙을 해설한 『산학정의』를 간행했다. 산원 중에서는 경선징이 『묵사집산법』, 홍정하가 『구일법』, 이상혁이 『산술관견』을 저술했다. 이들은 대개 중인 출신으로 산원직이 집안에 세습되어 어린 시절부터 산학을 배우며 자랐다.

산학은 실용 학문이었지만 학자들 사이에서 꾸준히 연구되며 책으로 간행되었다. 이와 관련한 에피소드가 있다. 숙종 때 청나라와 조선 학자들이 자웅을 겨루는 산학경시대회가 있었다. "지름이 10척인 원에 오각형이 있다면 한 변의 길이는?"과 같은 문제를 냈는데, 조선 학자들이 이겼다는 기록이 남아 있다. 중국 못지않게 조선의 산학 수준이 뛰어났다는 것을 알 수 있다.

조선시대에도 피타고라스의 정리와 유사한 구고현(句股弦)

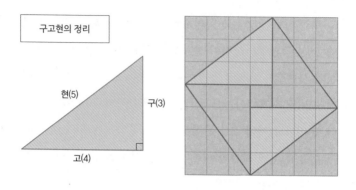

구고현의 정리

현(5)
구(3)
고(4)

의 정리가 있었다. 우리나라에서는 일찍부터 중국에서 들여온 구고현의 정리를 사용했다. 피타고라스의 정리는 직각삼각형에서 빗변(c)의 제곱은 나머지 두 변(a, b)의 제곱의 합과 같다는 이론이다. 즉, $a^2+b^2=c^2$과 같다. 구고현은 직각삼각형의 세 변을 부르는 명칭으로, 직각을 낀 두 변 가운데 짧은 변이 구(勾), 긴 변이 고(股)이며, 나머지 빗변을 현(弦)이라고 한다. 따라서 구고현의 정리는 구(3^2)+고(4^2)=현(5^2)과 같다. 피타고라스의 정리는 기원전 500년에 발견되었는데, 이보다 500년 빠른 기원전 1000년 무렵에 구고현의 정리가 발견되었다. 이에 관한 기록이 중국의 산학서인『주비산경』『구장산술』『구고명의』등에 남아 있다. 구고현의 정리는 우리 조상들이 건축물을 축조하는 데 많이 사용되었다. 신라시대 불국사와 석굴암, 첨성대, 조선시대 거북선도 이 공식을 적용해 만들었다. 산학서에는 구고현의 정리를 이용해 산의 높이와 구름의 높이 등을 계산했다는 기록도 있다. 하지만 우리나라 최초의 근대 신문인 《한성순보》에 피타고라스의 정리가 소개되면서 구고현의 정리가 역사 속에 묻혀버렸다. 서양 문물을 수용하는 근대화 과정에서 수학과 과학은 서양의 전유물로 치부된 것이다.

오래전부터 구구단을 사용했고, 피타고라스의 정리보다 앞선 구고현의 정리를 이용해 우리의 문화유산인 불국사와 첨성대 등이 만들어졌다. 일찍부터 수학이 발전해 실용적으로 사용했다는 것을 알 수 있다. 전근대사회에서 수학과 같은 합리적 학문이 발달하지 못했을 것이라는 선입관은 잘못되었다. 유학만큼 가치를 인정받지는 못했으나, 수학이 모든 학문에 기초임을 알고 꾸준히 연구하고 발전시켜온 선각자들이 있어 지금까지 문화유산을 지켜낼 수 있었다.

참고 자료

『알아두면 잘난 척하기 딱 좋은 우리 역사 문화사전』(민병덕 지음, 노마드) / 「백제의 구구단이 일본에 전파됐다」(《시사저널》, 2016.02.18) / 「구구단을 구구단이라고 하는 까닭은?」(《오마이뉴스》, 2013.11.15) / 「동양의 피타고라스 정리, 구고현의 정리」(《사이언스타임즈》, 2008.11.09) / 「조선시대 사람들도 수학 공부를 했을까?」(장혜원 글, 월간문화재사랑) / 농사 짓고 세금 매길 때 썼던 산학, 포기하지 말아요(뉴스 속의 한국사, 《조선멤버스》, 2016.02.15) / 「구구단, 남근, 가요-백제의 빅3 목간」(이기환 글, 《경향신문》, 2017.01.18)

창문에도 세금을 붙여라

피뢰침을 발명하고 미국 건국의 아버지로 잘 알려진 벤저민 프랭클린은 "이 세상에서 죽음과 세금만큼 확실한 것은 없다"고 했다. 중국 춘추시대의 사상가 공자는 "가혹한 정치는 호랑이보다 무섭다(苛政猛於虎)"고 했다. 이는 가렴주구(苛斂誅求)와 비슷한 말로, 특히 지방에서 관리들이 혹독하게 세금을 징수하거나 부역을 강요하고, 갖가지 명목으로 재물을 뜯어내 백성들이 살아가기 힘든 정치적 상황을 일컫는다. 세금이 얼마나 무서우면 이런 말이 회자되었을까?

세금은 국가 또는 지방자치단체가 필요한 경비로 사용하기 위해 국민이나 주민으로부터 강제로 거두어들이는 금전을 말하며 국세와 지방세가 있다. 국가나 지방자치단체는 거둬들인 세금으로 공무원에게 월급을 주고, 도로, 상하수도 시설 등을 개선하며, 각종 복지사업을 벌이는 등 나라 살림을 운영하므로 모든 국민이 세금을 내야 한다. 그런데 왜 공자는 세금이 호랑이보다 무섭다고 했을까? 세금은 국가를 운영하고 국민의 삶의 질을 높이기 위해 꼭 필요하지만, 역사적으로 공정하지 못하거나 지나치게 무거운 세금이 부과된 사례도 적지 않기 때문이다. 동서양을 막론하고 권력자들은 세금을 조금이라도 더 거두기 위해 온갖 아이디어를 동원했다. 그중 가장 어이없는 세금으로 '창문세'를 꼽을 수 있다. 1696년에 영국 정부가 주택에 달린 창문 개수에 따라 세금을 부과한 조세제도다. 본래 1303년 프랑스에서 필리프 4세(재위 1285~1314)가 처음 고안했지만 오래 지속되지 못하고 폐지된 이후 영국 정부가 이를 도입하면서 널리 알려지게 되었다.

1688년 명예혁명으로 영국의 왕이 된 윌리엄 3세(재위 1689~1702)는 잦은 전쟁으로 많은 돈이 필요해지자 어떻게 하면 부자들에게 더 많은 세금을 거둘 수 있을까 고민했다. 지금으로 보면 일종의 '부유세'를 걷겠다는 생각이었다. 그런데 당시에는 정확한 소득을 공개하지 않았기 때문에 부유한 사람을 어떻게 판단할지가 매우 중요한 문제였다. 게다가 그때 이미 영국에는 벽난로가 있는 가정에 세금을 부과하는 '난로세'가 있었다. 많은 주택에서 벽난로를 사용하던 시대였지만 조사관이 집집마다 들어가서 난로가 있는지 확인하기는 쉽지 않았다. 사람들이 문을 열어주지 않거나 아예 난로를 없애버리는 일까지 생겨난 것이다. 세금을 뜻대로 걷지 못한 윌리엄 3세는 난로세를 폐지하고 1696년 '창문세'를 신설한다. 창문은 집

창문세를 내지 않으려고 창문을 봉해버린 집

밖에서도 개수를 셀 수 있어서 쉽게 세금을 거둘 수 있을 것으로 여겼다. 또 잘살면 집이 크고, 집이 크면 창문이 많았기 때문이다. 창문이 6개 이하이면 세금을 면제해주고 7~9개는 2실링, 10~19개는 4실링, 20개가 넘으면 8실링을 세금으로 내게 했다.

윌리엄 3세는 득의양양했지만 오만한 착각이었다. 창문세에 부담을 느낀 사람들이 너나 할 것 없이 창문을 막아버리기 시작한 것이다. 밝고 따스한 햇볕을 사람들이 스스로 포기할 만큼 세금에 대한 부담감과 저항감이 컸다는 뜻이다. 창문세가 신설된 이후 영국 사람들은 기존 건축물에 있던 창문은 막아버렸고 새로 짓는 건물에는 아예 창문을 내지 않았다. 세금을 뜯으려는 꼼수가 결국 국민에게서 햇볕과 바람이 잘 드는 쾌적한 주거 환경을 빼앗아버린 셈이다. 창문세는 150여 년간 이어져오다가 1851년 주택세가 신설되면서 폐지되었다. 영국에는 그때 지어진 창문 없는 건물들이 아직도 남아 있다. 성이나 고택(古宅)에 굴뚝이 없으면 17세기 후반에 지었다고 보면 되고, 창문이 거의 없는 고성이라면 신축 혹은 개축 시기가 거의 18세기 초부터 19세기 중반까지 150여 년 사이라고 보면 된다.

17세기 네덜란드에도 영국의 창문세와 비슷한 조세제도가 있었다. 건물 너비에 따라 세금을 부과하는 방식이었다. 이 또

한 무거운 세금 부담으로 돌아왔고, 결국 네덜란드 사람들은 세금을 피하고자 건물 형태를 바꾸기 시작했다. 하나같이 건물을 높고 기다랗게 짓기 시작한 것이다. 지금 네덜란드에 가면 볼 수 있는 높고 좁은 건물들은 이때 지어졌다.

어느 나라든 부당한 세금에 대한 저항은 있기 마련이다. 18세기 프랑스 국민도 과도한 세금으로 몸살을 앓았다. 프랑스 루이 16세(재위 1774~1792)는 정부의 재정 파탄을 해결하기 위해 창문의 수가 아니라 창문의 폭에 따라 세금을 매겼다. 그러자 프랑스 사람들은 세금을 덜 내려고 폭이 좁고, 세로로 긴 창문을 만들기 시작했다. 우리가 아름답다고 평가하는 낭만적인 프랑스식 창문은 이런 이유로 생겨났다. 무지막지한 세금은 결국 시민계급의 반발을 불러왔고, 1789년 프랑스 혁명으로 이어졌다.

우리나라에서도 19세기 조선의 세도정치기에 농민 반란이 끊이지 않은 것도 탐관오리의 착취로 농민들의 살림살이가 날이 갈수록 궁핍해졌기 때문이었다. 미국 독립전쟁 역시 영국이 차(茶)에 높은 세금을 부과하자 아메리카 식민지 주민들의 반발로 일어났다. 이처럼 비상식적이고 과도한 세금 부과는 민생을 힘들게 할 뿐만 아니라 국가 정권의 분열 및 해체라는 극단적인 사태로 이어진다는 것을 세계사에서 알 수 있다.

    국가를 유지하고 국민 생활의 발전을 위해 쓰이는 세금이 잘못 부과되면 민생이 파탄 날 뿐만 아니라 정권이 붕괴될 수도 있다. 국민이 세금 납부를 두려워하지 않고 소득에 따라 기꺼이 낼 수 있는 조세 정책이 필요한 이유다.

참고 자료

「영국 창문세 폐지(1851.07.24) 外」(정광용 글, 《부산일보》, 2008.07.21) / 「영국 윌리엄 3세는 창문 수에 따라 세금 물렸어요……」(최승노 글, 《생글생글》 569호 2017.09.25) / 창문세, 두산백과 / 「난로와 창문에도 세금을?」(《서울경제》, 2016.05.19)

달러는 미국 돈이 아니다

세계에서 가장 큰 영향력 있는 화폐로 꼽히는 달러. 무역을 하고 해외주식을 거래하고 외국에 사는 가족에게 송금할 때 달러를 이용한다. 직접 달러를 사용하지 않더라도 원달러환율은 우리 생활 전반에 영향을 미친다. 달러는 미국의 화폐이자 전 세계에서 가장 많이 통용되는 기축통화다. 그런데 달러는 미국에서 만들어지지 않았다. 왜 그럴까?

달러는 원래 유럽에서 통용됐던 은화를 가리키던 용어였다. 이 은화의 원조는 독일에서 화폐로 쓰던 요아힘스탈러(joachimsthaler)인데, 탈러(thaler, taler)라고도 불렸다. 이 이름은 지금은 체코의 영토인 보헤미아 지방의 도시 성 요아힘(St. Joachim)에 있는 한 골짜기에서 유래했다. 1516년 이 골짜기에서 양질의 은광이 발견되면서 사람들이 몰려들어 산골 촌락을 이루자 이 지역을 간단히 '골짜기(das Tal)'라고 불렀다. 몰려드는 인파로 주민 수가 약 5,000명에 달하자 루트비히(Ludwig) 왕이 이 촌락을 자유 산악도시로 격상하면서 '요아힘의 계곡'이라는 의미로 '요아힘스탈(Joachimsthal)'이라는 이름을 붙였다. 이곳에서 만들어진 은화가 요아힘스탈을 따서 요아힘스탈러 또는 탈러그로셴(thalergroschen)이라고 부르다가 탈러로 통일된 것이다.

탈러의 품질은 전 유럽에서 호평을 받아 16세기 후반부터 17세기까지 다양한 탈러가 발행되었다. 탈러는 세계적 명성을 가진 주화로 떠오르면서 점차 화폐를 지칭하는 대명사로 자리매김했다. 탈러는 국경을 넘어 다른 고가 은화들의 이름에도 많은 영향을 끼쳤다. 이탈리아에서는 'tallero', 네덜란드에서는 'daalder', 덴마크와 스웨덴에서는 'daler', 영국에서는 'dallar'로 각국에서 발행하는 은화의 이름이 바뀌었다. 그런데 정작 달러의 기원이 된 독일은 1873년에 탈러에서 마르크로 화폐 이름을 바꾸었다.

유럽에서 처음 만들어진 달러가 어떻게 미국 화폐가 되었는지는 미국 역사와 밀접한 관계가 있다. 미국은 영국 식민지였던 시기는 물론이고 독립을 선언한 1776년 이후 1783년 파리 조약에서 독립이 승인될 때까지도 독자적인 화폐체계를 갖추지 못했다. 1785년 7월 6일에 대륙 의회에서 "미합중국의 화폐 단위는 달러로 지정한다"는 내용을 공표했지만 당시 미국에서는 영국, 프랑스, 에스파냐 등의 외국 화폐와 각 주에서 발행하는 화폐를 혼용하고 있었다. 그러다가 1792년 달러를 미국의 공식 화폐로 지정하면서 근대 국가 최초로 10진법 화폐체계를 도입했다. 그 후 1913년 미국중앙은행 역할을 하는 연방준비은행을 출범하고 흔히 달러로 일컬어지는 연방준비권을 발행하면서도 이전에 발행된 국법은행권, 금증서, 은증서 등의 유통을 허용해 화폐체계는 여전히 복잡했다. 그러나 이후에 연방준비권을 제외한 나머지 화폐의 추가 발행이 중지됨에 따라 현재와 같이 유통 지폐의 99퍼센트가 연방준비권, 지금의 달러로 단순화된 것이다.

달러가 미국 공식 화폐로 채택된 데는 특별한 이유가 있다. 영국 식민지였던 미국은 영국 파운드화에 반감을 갖고 있었기에 당시 에스파냐의 중남미 식민지 통화로 널리 유통되고 있던 다레라 은화를 공식 화폐로 채택했다. 다레라의 영어 발음이 바로 달러다. 사실 달러라는 말도 미국에서 처음 사용된 것은 아니었다. 스코틀랜드를 중심으로 한 영어권 국가에서 먼저 사용했다. 따라서 미국에서는 달러라는 단어가 영국의 화폐인 파운드, 실링, 펜스 등을 대신해 반영국적인 의미로 활발하게 사용되었던 것이다.

달러는 1944년 국제적인 통화협력과 환율안정을 위한 국제금융기관인 국제통화기금(IMF)이 창설되면서 파운드화를 대체하는 중요 국제통화로 채택되었다. 국제통화는 원래 금이었으나 20세기에 들어와 금 공급이 세계 경제의 성장을 따르지

미국의 화폐

못하자 대체물로서 파운드와 달러가 기축통화로 등장했다. 제2차 세계 대전 이전에 기축통화였던 파운드를 전쟁 후에는 달러가 대체하게 된 것이다. 미국이 영국 파운드화에 대한 반감으로 달러화를 채택했던 사실을 되짚어보면 이 역시 흥미로운 비하인드 스토리가 아닌가.

참고 자료

『의심 많은 교양인을 위한 상식의 반전 101』(김규회 지음, 끌리는책) / 국제관리통화, 두산백과 / 「달러의 어원은 골짜기에서 유래」(《화폐이야기》, 한국은행, 2002.02.20)

내시와 환관의
결정적 차이

전근대 시기, 왕을 가장 가까이에서 보좌했던 사람들을 내시나 환관이라 칭했다. 오늘날로 치면 대통령 수행 비서로 볼 수 있다. 내시와 환관은 거세한 사람으로 알려져 같은 취급을 받지만, 내시와 환관은 원래 다른 직책이었다. 조선시대에 와서 두 직책이 하나로 통합되면서 같은 것으로 인식된 것이다. 내시와 환관이 어떻게 다른지 내막을 알아보자.

우리가 흔히 알고 있는 '성 기능을 없앤 궁궐 안의 벼슬'은 환관이었다. 중국 역사에서는 '환관의 정치'라고 불릴 만큼 이들의 권력이 대단했다. 환관이 정치에 개입해서 나라를 어지럽게 한 경우가 많았다. 중국『삼국지』에 나오는 십상시(十常侍)가 대표적이다. 십상시는 후한 말 나이 어린 황제의 눈과 귀를 어둡게 하고 자기들의 욕심대로 나라를 좌지우지하려고 했던 환관 10명을 말한다.

우리나라의 경우『삼국사기』를 보면 신라 흥덕왕 때 '환수'라는 기록이 있는 것으로 보아 환관이 존재했음을 알 수 있다. 환수는 환관의 다른 이름이다. 고려시대에 환관은 궁중의 잡역을 담당한 직책으로, 노비나 부곡 출신, 혹은 관비 소생이 많았다. 이들은 중인 계급인 남반에 속하여 7품 이상 관직에 오를 수 없었다. 즉, 환관은 왕 가까이에서 수발을 드는 존재였다. 반면 고려시대 내시는 왕의 수행 비서 역할을 하면서 국정 전반에 걸쳐 주요 업무를 담당했다. 이들은 성 기능을 제거한 사람들이 아니었다. 주로 과거나 음서로 벼슬에 오른 문벌귀족 자제들로, 왕의 비서관으로서 나랏일을 함께 의논했던 엘리트 집단이었다. 당시 내시가 되는 것은 최고위직에 오를 수 있는 지름길이었다. 대표적인 내시들을 보면,『삼국사기』를 저술한 김부식의 아들 김돈중, 구재학당을 연 최충의 손자 최사추, 여진을 정벌해 동북 9성을 세운 윤관의 아들 윤언민, 무신 집권자 최충헌의 사위 임효명, 성리학을 처음 들여온 유학자 안향 등이 있다. 이들만 보아도 당시 내시직이 왕의 측근에서 권력을 행사했던 관직이었음을 알 수 있다.

고려시대에는 이렇듯 환관과 내시의 구분이 확실했다. 하지만 무신 정권기와 원 간섭기를 지나면서 이들의 구분이 모호해지기 시작했다. 왕의 신임을 얻은 환관이 내시로 임명되는 경우가 생겨났기 때문이다. 특히 환관의 정치적 영향력이 컸던 원나라의 영향을 받아 고려에서도 환관이 득세하게 된 것이다. 환관이었다가 내시가 된 최초의 인물은 의종 때 정함(鄭諴)이었다. 정함은 의종 유모의 남편으로, 의종이 왕위에 오를 때 도와준 인물이다. 환관이 내시가 되는 길을 열어준 첫 사례였다. 이후 환관의 내시화가 본격화된 것은 공민왕 때였다. 이때 환관 업무를 담당하는 관청이 새로 설치돼 이름을 내시부로 정하면서 환관과 내시가 혼용되었다. 환관이 내시의 이름뿐만 아니라 지위와 역할까지 수행하게 된 것이다. 이렇게 되자 엘리트 집단인 본래의 내시는 환관의 별칭이 되고 그 역할마저 환관들이 잠식해갔다. 조선시대에는 내시나 환관이 정치에 참여할 기회가 거의 사라진다. 공민왕 시기에 환관들이 내시 역할을 하면서 나라가 얼마나 큰 피해를 보았는지 경험한 사대부들이 법과 제도를 만들어 내시들의 정치 참여를 봉쇄해버렸기 때문이다.

결국 조선시대에 와서 내시는 환관과 동의어가 되면서 거세한 사람들만 될 수 있었다. 그런데 왜 거세한 남자가 필요했을까? 그 이유는 궁궐이라는 특수 환경과 그들의 직무에서 찾을 수 있다. 궁궐에는 왕비, 후궁, 궁녀, 무수리까지 수많은 여인이 살고 있었지만 모두 왕의 여자라서 왕 아닌 다른 남자를 가까이하는 것은 금지되었다. 그래서 이들과 가까이하며 업무를 수행해야 하는 내시들은 남자로서 성적 기능을 할 수 없도록 거세했던 것이다. 내시가 된 사람들을 보면 강제로 거세된 경우, 선천적으로 생식 기능이 없는 경우, 우연한 사고로 거세된 경우, 스스로 또는 부모가 거세한 경우 등이 있었다. 그중에는 가난에서 벗어나거나 군역을 피하기 위해 스스로 거세해 내시가 된 사람도 있었다.

조선시대 내시는 결혼해 가정을 꾸릴 수 있었다. 아이를 낳을 수 없었기에 양자를 들였는데, 대개 거세된 남자아이를 데려다 길러 내시로 궁중에 들이기도 했다. 내시가 오를 수 있는 최고 품계는 종2품 상선까지였으나 정치에 참여할 수는 없었다. 내시의 역할은 품계의 높고 낮음과 상관없이 궐내의 음식물 감독, 왕명 전달, 궐문 수직, 청소 등 잡무에 국한되었다. 내시는 궁 안에 상주하는 경우와 궁궐 밖에 거주하며 출퇴근하는 경우가 있었다. 특히 궁 안에 상주하는 내시 중 왕을 가장 가까이에서 시중드는 내시를 대전내시라 했는데, 이들은 대감이라 불리며 부귀영화를 누렸다. 이들은 왕이 죽으면 궁 밖에 나가 살면서 죽을 때까지 소복을 입었다. 내시는 1884년 김옥균 등 급진 개화 세력이 주도한 갑신정변 때 폐지되었으나 그들의 정변 실패로 부활했고, 이후 1894년 갑오개혁 때 완전히 폐지되었다.

참고 자료

『한국사 상식 바로잡기』(박은봉 지음, 책과함께)/ 『교과서 밖의 한국사 이야기』(장지현 지음, 미네르바) / 내시, 위키백과 / 「환관, 그들은 누구인가-최고 권력자의 그림자에 숨은 권력」(《매일경제》, 2020.02.06) / 「고려시대 내시는 고자가 아니었다」(《조선일보》, 2006.07.04) / 내시, 한국민족문화대백과사전 / 환관, 한국민족문화대백과사전

조선에 파란 눈의 백정이 존재한 이유

1800년대 말 조선에 온 미국 공사관 서기 윌리엄 프랭클린 샌즈(William Franklin Sands, 1874~1946)는 회고록에서 인천 제물포항에 도착해 처음 본 조선인들의 인상착의를 자세히 기술했다. "키가 180센티미터 정도로 컸고, 머리카락은 붉은색이었으며, 눈동자는 회색이나 푸른색 혹은 갈색이었다. 그들 중에는 파란 눈을 가진 사람도 있었다." 샌즈는 이들을 혼혈로 보았다. 샌즈가 조선에서 처음 본 사람들은 누구였을까? 바로 백정이다. 그럼 조선시대의 백정이 혼혈인이었다는 것인가?

조선시대 백정은 가축을 잡아 도축해서 고기를 판매하는 사람들이었다. 그러나 고려시대에 백정은 도축업과 관련 없는 일반 백성을 가리켰다. 백정(白丁)에서 백(白)은 보통 '희다'로 쓰이지만 '없다', '아니다'라는 의미도 있다. 정(丁)은 정호(丁 戶)를 가리킨다. 정호는 나라에서 일정한 직역을 부여한 사람들을 의미한다. 대개 향리, 군인들을 정호라 했고 백정은 정호가 아닌 사람들, 즉 나라에서 직역을 받지 않은 사람들이란 의미로 일반 백성을 가리켰다. 조선시대 양인과 같은 말이다. 그러면 고려시대에 도축업자는 무엇이라고 했을까? 양수척 또는 화척이라고 불렀다. 양수척은 후삼국시대부터 고려시대에 걸쳐 전국을 떠돌아다니면서 천업에 종사하던 무리를 말한다. 이들은 북방 유목민족인 말갈인과 거란인의 후예로 알려져 있다. 이 양수척이 시간이 흐르면서 화척, 재인 등으로 분화되었다. 이들은 도축업에 종사하거나 버드나무 가지를 엮어 유기를 만들어 팔거나 노래, 줄타기 등 예능을 하면서 생계를 이었으며, 천민으로 차별을 받았다.

그런데 어떻게 해서 일반 백성을 가리키는 백정이란 말이 조선시대에 와서는 도축업자의 명칭이 되었을까? 세종(재위 1418~1450) 때 양인 확보 정책 때문이었다. 천시당하는 화척과 재인 등을 일반 백성으로 대우한다는 정책이다. 이는 조선 초 혼란한 신분질서를 바로잡고 집권체제를 강화하면서 세금 내는 계층을 확보해 국가 재정을 튼튼히 하려는 의도였다. 이렇게 되자 일반 백성인 백정이 불만스러워했다. 이들은 새롭게 백정이 된 사람들을 신백정이라 부르며 자신들과 구분했다. 농민들은 백정이란 칭호를 기피하면서 스스로 평민이나 양민, 촌민 등으로 불렀고, 백정이란 말은 도축업자를 가리키는 말로 격하되었다.

그럼 조선인과 사뭇 다른 백정의 모습으로 돌아가보자. 그들은 주로 북방 유목민족인 말갈인, 거란인, 몽골인 등이 한반도로 들어와 집단을 이루어 살게 된 사람들이었다. 그중 고려시대에 달단(韃靼)이라고 불린 사람들이 있었다. '달단'은 몽골족의 하나인 타타르족을 가리켰으나 몽골이 중앙아시아를 차지한 이후에는 튀르크계와 혼혈을 이루게 되면서 중국 북방과 중앙아시아 지역에 살았던 다양한 유목민족을 총칭했다. 이들이 고려가 거란족, 여진족 등과 전쟁을 치르던 혼란한 시기에 한반도로 들어와서 조선시대까지도 살아남았던 것이다. 그래서 윌리엄 프랭클린 샌즈가 묘사했던 조선인의 인상착의는 백정의 모습이었다. 당시만 해도 조선 사람들은 키도 작고 몸집도 왜소했다. 조선시대 남자의 평균 키가 161센티미터라는 연구 결과에 빗대어 봐도 백정은 조선 사람하고는 키부터 많이 달랐다. 이들은 외모부터 조선인과 크게 달라 차별을 받은 듯

일제강점기 강원도 고성의 백정 남녀

하다. 한반도 북쪽 지역에서 오랫동안 거주했던 거란인과 여진인은 조선인과 비슷했겠지만, 타타르족은 다양한 외모를 지녔을 것으로 보아 서양인과 가까운 사람들도 있었을 것이다. 게다가 이들은 원래 가지고 있던 유목민족의 DNA에 따라 자기들끼리 집단을 이루고 유랑생활을 했다. 농경사회에 적응하지 못한 것이다. 대부분 호랑이를 사냥해서 돈을 벌거나, 군인이 되거나, 도축업으로 생계를 이어나갔다.

조선시대 백정은 도축업에만 종사한 것은 아니었다. 버드나무 가지로 유기를 제조하거나, 공연을 위주로 하는 광대나 창우 등도 있었으며, 가죽으로 신발을 만드는 갖바치 등도 백정으로 불리었다. 15세기 명종(재위 1545~1567) 때 유명한 도적 임꺽정은 유기를 만드는 고리백정이었다. 당시 가난에 시달리던 백정들이 도둑이 되어 집단을 이루기도 했다. 이들이 사회문제로 떠오르자 조선 조정은 이들에 대한 차별 정책을 실시한다. 백정들을 한곳에 모여 살게 하면서 호적을 따로 만들어 보관하고 출생과 사망, 도망을 정기적으로 조사했다. 만약 제한 구역에서 벗어나 도망치다 붙잡히면 사형에 처하기도 했다. 이들은 수령의 통행증이 있어야 다른 곳으로 이동할 수 있었다. 또 명주옷을 입지 못했고 새끼 꼰 끈이 달린 패랭이를 써야 했다. 이런 차림으로 백정을 구분했던 것이다. 하지만 1894년에 일어난 동학농민운동 때 내건 폐정개혁안에 '백정 머리에 쓰는 패랭이를 벗겨버릴 것'이라는 조항을 두어 백

백정, 포졸 등 하층민들이 쓰고 다닌 패랭이

정에 대한 차별 폐지를 주장하기도 했다. 그런데 조선 후기에는 스스로 백정이 되는 경우도 있었다. 나라에서 평민에게 부과하는 세금과 바쳐야 하는 공물의 부담이 점점 커지자 일반 백성들은 자진해서 백정이 되었다. 천민은 세금을 내지 않아도 되기 때문이다.

오늘날에는 백정을 비롯한 천민 신분은 법적으로 존재하지 않는다. 하지만 우리 사회에는 여전히 차별이 존재한다. 비정규직, 파견직, 계약직 등 다양한 직종에서 차별받는 이들이 있고, 갑과 을의 관계로 핍박받으며 억울함을 당하는 이도 많다. 이는 현대사회가 해결해야 할 또 하나의 과제다. 전근대 사회에서 신분제를 타파했듯이 현대사회에서도 차별 문제 해결을 위해 공존 관계를 모색해야 하지 않을까.

참고 자료

『한국사 상식 바로잡기』(박은봉 지음, 책과함께) / 『조선시대 사람들은 어떻게 살았을까1』(한국역사연구회 지음, 청년사) / 『한국사 특급 떡국열차』(정영진 등 지음, 눌민) / 「조선시대 외국인 노동자 백정」(《지식의 정석》) / 「파란눈의 조선인 백정(화척·양수척)」(《뉴스워치》, 2016.04.26)

의료 역사를 바꾼
루이 14세의 치질 수술

책상에 오래 앉아 있거나 변비를 방치하면 생기는 병이 치질이다. 이 치질로 오랫동안 고생한 왕이 있다. 프랑스의 절대왕정을 이룬 루이 14세(재위 1643~1715)다. 왕들 중에 루이 14세만 치질에 걸리지는 않았을 텐데, 그의 병이 유명해진 데는 이유가 있다. 그의 치질 수술을 계기로 외과 의사의 존재감이 부각되었고, 영국 국가(國歌)가 생겨났기 때문이다.

루이 14세는 프랑스 절대왕정의 전성기를 이루어 태양왕으로도 불렸다. 그는 스스로 "짐이 국가다"라고 할 만큼 절대주의 시대에 대표적인 전제 군주였다. 그는 부르봉 왕조 루이 13

세와 에스파냐 공주인 안 도트리슈 사이에서 태어났는데, 아버지가 일찍 사망해 5세에 왕위에 올랐다. 당연히 어머니가 섭정을 했고, 이때 쥘 마자랭(Jules Mazarin, 1602~1661)이 재상이 되어 정치를 좌지우지했다. 이 시기에 일부 귀족 세력들에 의해 프롱드의 난(1648~1653)이 일어났다. 프롱드(Fronde)란 돌팔매 도구를 가리키는데, 왕정에 반대해 돌을 던진다는 의미에서 붙여진 이름이다. 반왕정 세력들이 지속적으로 반란을 일으키던 프롱드의 난 시기에 루이 14세는 어머니와 함께 파리를 떠나 전국을 떠돌며 유랑생활을 해야 했다. 이때 그는 도피 생활로 인해 궁핍했고 불안한 시간을 보냈다. 이후 프롱드의 난이 진압되어 파리로 돌아가게 되자 그는 파리로 가기 싫어서 베르사유에 바로크 양식의 화려한 궁전을 지었다.

1661년 재상 마자랭이 사망하면서 루이 14세의 친정(親政)이 시작되었다. 이때부터 강력한 왕권 중심으로 정치체제를 개편하고 재무장관으로 콜베르(Jean-Baptiste Colbert, 1619~1683)를 임명해 중상주의 정책을 펼쳤다. 태양왕으로서 그의 면모가 부각된 시기였다.

루이 14세는 오랫동안 치질로 고생했다. 오랜 도피 생활과 과도한 업무 등이 원인이었을지 모른다. 먹는 것을 즐긴 대식가였고, 단 음식을 좋아해서 치아도 남아 있는 게 없을 정도였

젊은 시절의 루이 14세
(1661~1662년 무렵)

다. 게다가 그는 생전에 2,000번 넘게 관장을 했다. 당시에는
장을 비워두면 건강하다는 인식이 있어서 많은 귀족이 관장에
중독되어 있었다. 관장을 이토록 많이 했으면 스스로 배변하
는 능력을 상실했을 것이다. 이렇게 변비가 일상이었던 그에
게 치질이 생긴 것은 당연해 보인다.

　루이 14세의 치질과 관련해서 역사를 바꾸어놓은 두 가지
큰 사건이 있었다. 물론 정사는 아니다. 하나는 외과 의사의
지위 변화다. 당시 관장을 처방한 의사는 내과 의사였다. 내과

삼색등은 원래 외과 의사를 상징했으나, 나중에 이발사만을 가리키게 되면서 오늘날 이발소 표시가 되었다.

의사의 권위가 외과 의사보다 높았기 때문이다. 하지만 관장을 해도 치질이 낫지 않자, 루이 14세는 수술을 통한 처방을 시도했다. 당시에는 마취제가 없어서 생살을 찢는 고통을 감내해야 했다. 그것을 알면서도 수술을 선택했다는 것은 치질의 고통이 그만큼 컸음을 의미한다.

그를 수술한 집도의는 이발사 출신 외과 의사인 샤를 프랑수아 펠릭스(Charles Francois Felix)였다. 중세 유럽에서는 대학에서 정규 과정을 밟은 외과 의사도 있었지만, 이발사들이 일정한 교육 과정을 마치면 외과 의사 면허를 딸 수 있었다. 내과 의사 중에는 정규 대학 과정을 마친 고위급 자제가 많았는데, 당시만 해도 칼을 들고 피를 흘리는 수술 등은 천한 일이라는 인식이 있었다. 또 12세기 가톨릭교회에서 성직자는 피를 흘리는 것을 혐오해야 한다고 선언하는 바람에 의사였던 수도승들이 외과 수술을 접을 수밖에 없었다. 그래서 외과 의사는 인정받지 못했고, 대학에서도 외과 정규 과정이 없어지면서 주로 이발사가 외과 수술을 담당하게 되었다. 이로 인해 외과 의사를 상징하는 흰색, 빨간색, 파란색 표시등이 이발소의 상징으로 변하는 계기가 되었다. 나중에 이발사와 외과 의사가 완전히 분리되면서 삼색등은 이발소에만 남게 되었다.

루이 14세의 치질 수술은 성공적으로 끝났다. 펠릭스는 왕의 치질을 수술한 의사로 이름을 떨치면서 유명해졌고, 이후 많은 귀족이 치질 수술을 받았다. 또 그의 성공으로 외과 의사의 권위가 향상될 수 있었다. 이를 계기로 펠릭스는 능력 있는 이발사에게 의사 면허를 주고 외과 수술과 이발을 분리해달라고 요청했다. 하지만 의사들의 심한 반대에 부딪혔다. 이후 루이 15세 때 가서야 비로소 외과 의사가 직업으로 인정받게 되었고, 18세기에 처음으로 외과 아카데미도 생겨났다. 루이 14세의 치질이 외과 의사의 위상을 높인 셈이다.

루이 14세의 치질이 역사를 바꾼 두 번째 사건은 영국 국가(國歌)의 탄생이다. 영국 국가인 'God Save the Queen(신이여 여왕을 지켜주소서)'이라는 곡이 바로 루이 14세의 치질과 관련이 있다. 군주를 찬양하는 영국의 국가는 남자 국왕일 때는

Queen 대신 King으로 제목과 가사를 바꾼다. 그럼 영국의 국가가 어떻게 치질 때문에 만들어졌다는 것일까? 이 노래가 루이 14세의 치질 때문에 작곡되었기 때문이다. 루이 14세에게 치질 수술은 끔찍한 고통을 참아야 하는 어려운 결정이었다. 그래서 왕을 걱정하던 맹트농 부인(Marquise de Maintenon, 1635~1719)이 수술이 진행되는 동안 수도원에서 합창곡을 지휘했는데, 이 노래가 바로 루이 14세의 치질 수술이 성공하길 바라는 마음을 담아 작곡된 〈신이여 왕을 지켜주소서〉다. 마취제 없이 수술을 받는 왕을 위한 일종의 응원곡인 셈이다.

맹트농 부인은 풍자시인 폴 스카롱(1610~1660)의 미망인으로, 루이 14세의 왕자들을 교육하던 가정교사였다. 이때 루이 14세의 마음에 들어 애인이 되었다가 나중에는 비밀리에 결혼까지 했다. 절대왕정의 최고 권력자가 무엇이 무서워 몰래 결혼해야 했을까? 당시 유럽 왕가들은 자국의 이익과 자신의 안전을 위해 이웃 나라 왕가와 정략 결혼을 했다. 루이 14세의 어머니와 아내도 다 에스파냐 공주였다. 이렇게 정략 결혼을 하는 대신 따로 애인을 두는 문화가 있었다. 그래서 루이 14세는 왕비 마리 테레즈(1638~1683)가 죽은 후 비밀리에 애인 맹트농 부인과 결혼했던 것이다.

그렇다면 루이 14세를 위해 만들어진 노래가 어떻게 영국의 국가로 채택될 수 있었을까? 두 가지 속설이 있다. 하나는 루이 14세의 치질 수술이 성공하기를 염원하며 수도원에서 합창했던 당시, 영국인 자크 2세가 이 노래를 듣고 반하여 나중에 영국 왕이 된 후 국가로 사용했다는 설이다. 하지만 자크 2세는 영국 왕 목록에는 없는 이름이다. 시기적으로 따져봤을 때 아마도 제임스 2세(재위 1685~1688)일 가능성이 있다. 청교도 혁명(1642~1649)으로 아버지 찰스 1세(재위 1625~1649)를 잃고 유럽에서 망명생활을 하는 동안 그는 프랑스군에 입대해 생활한 적이 있었다. 이후 형 찰스 2세(재위 1660~1685)의 뒤를 이어 왕위에 올랐으나 지나친 가톨릭교 중심 정책으로 신교도들의 반발을 사서 명예혁명(1688)을 초래했다. 그는 명예혁명으로 왕위에서 쫓겨나 다시 프랑스에서 루이 14세의 도움을 받으며 망명생활을 하게 된다.

또 하나는 수술 기원 합창을 한 수도원에 방문해서 이 곡을 들었던 한 영국인이 고국으로 돌아간 후 가사를 번역해 알려지게 되면서 영국 국가로 채택되었다는 설이다. 두 가지 다 소문일 뿐 진위 여부는 알 수 없다.

루이 14세의 치질 수술은 어쩌면 역사적 에피소드에 불과하지만, 세상의 흐름을 바꾸어놓았다는 점에서 흥미로운 사건이 되었다. 분명 이것으로 인해 직접적인 변화가 이루어진 것은 아니지만, 민중은 야사라는 소문을 통해 역사를 재밌게 엮어 연결했다. 역사적 사건은 진위 여부가 가장 중요하다. 하지만 그보다는 못하다 하더라도 입에서 입으로 전해오는 민중의 이야기를 들어볼 필요는 있다. 정사에는 없지만 야사에는 간혹 민중의 생각을 담아낸 것들도 있기 때문이다.

참고 자료

『만화로 배우는 의학의 역사』(장 노엘 파비아니 지음, 필리프 베르코비치 그림, 한빛비즈) / 루이 14세, 다음백과 / 『돌팔이 의학의 역사』(리디아 강 외 지음, 더봄) / God Save the Queen, 나무위키 / 제임스 2세, 나무위키

HISTORY ③

전쟁과
정치의
역사

제2차 세계 대전 당시
예술품만 찾아다닌 부대가 있다

제2차 세계 대전 동안 연합군 내에서는 문화유산 보호를 전담하는 특수부대가 결성되었다. 모뉴먼츠 맨으로 불린 이들은 아돌프 히틀러(Adolf Hitler, 1889~1945)의 광적인 예술품 약탈을 저지하고 폭격으로부터 문화재를 보호하기 위해 활동했다. 영화〈모뉴먼츠 맨: 세기의 작전〉은 이들의 활동을 그려낸 것으로, 이 영화로 인해 모뉴먼츠 맨의 활동이 널리 알려질 수 있었다.

모뉴먼트(monument)의 사전적 정의는 '역사적인 사건이나 개인의 업적을 기리기 위해 세운 건조물 및 조형물로 기념비, 기념상, 개선문, 기념 건축물 등을 통틀어 이르는 말'이다. 모

전쟁 때 예술품을 지켜내는 모뉴먼츠 맨

뉴먼츠 맨은 제2차 세계 대전을 일으킨 독일군과 이에 맞선 연합군으로부터 문화유산을 지켜낸 특수부대였다. 전쟁이란 특수 환경에서 아군과 적군 모두로부터 문화유산을 지켜내야 했다. 성공도 했고 실패도 했으나 그들이 있었기에 우리는 지금 문화유산을 보고 감복할 수 있게 되었다.

이 부대가 결성된 여러 이유 중 하나는 제2차 세계 대전을 일으킨 히틀러 때문이었다. 히틀러는 원래 화가 지망생이었는데, 정치에 입문한 뒤에도 미술품에 관심이 많았다. 그는 천년 제국을 꿈꾸면서 거대한 예술 도시를 계획했는데, 히틀러의 계획을 저지하기 위해 모뉴먼츠 맨이 활동했던 것이다.

히틀러는 13세에 다니던 학교를 자퇴하고 매일 그림을 그렸다. 부모의 반대를 무릅쓰고 화가가 되고 싶다는 의욕은 무척 컸다. 1907년 19세에 비엔나 국립아카데미 미술학교 입시에 도전해서 1차 전형에는 합격했으나 최종 2차 시험에는 낙방했다. 이듬해 다시 도전했으나 또 실패하자, 히틀러는 이 학교 유대인 학장을 찾아가 자신이 왜 합격하지 못했는지 따졌다. 그는 학장에게서 "우리 학교에 입학할 실력이 못 되고 또 작품의 창의성도 없다"는 혹평을 듣는다. 그럼에도 그는 화가의 꿈을 포기하지 않았는데, 부모를 잃고 한때 고아연금으로 생활하면서도 미술가로서 성공하기 위해 그림을 그렸다. 히틀러가 나치 총통으로 권력을 잡은 이후 미술품들을 약탈하는 범죄행위를 하게 된 동기는 그가 미술가로서의 꿈을 이루지 못한 트라우마 때문이라고 추측할 수 있다.

전쟁 전부터 나치 간부들은 유럽을 돌면서 약탈할 예술품 목록을 미리 작성해두었다. 1940년 히틀러는 나치 선전상 파울 요제프 괴벨스(Paul Joesph Goebbels, 1897~1945)에게 구체적인 지침을 내렸다. "1500년 이후 독일에서 반출된 모든 작품, 독일이나 오스트리아 혈통 예술가의 모든 작품, 독일에서 위탁했거나 완성된 모든 작품, 독일적인 양식으로 그려진 것으로 간주된 모든 작품을 약탈하라"는 것이었다. 게다가 '게르만적'이면 모두 압수하라고 명령했다. 여기에서도 그의 인종주의를 엿볼 수 있다. 히틀러는 전쟁 중에 각종 회화, 조각, 공예 및 수예품, 실내 장식품 등 무려 500만 점에 달하는 예술품의 약탈과 몰수를 위해 특수부대도 만들었다. 또 히틀러의 측근 세력인 헤르만 괴링(Hermann Göring, 1893~1946)이 기갑부대를 동원해 많은 미술품을 광적으로 탈취해갔다. 나치는 루브르 박물관처럼 세계적인 유물이 있는 곳은 약탈하지 못했지만, 국력이 약했던 벨기에나 유대인의 소장품들은 깡그리 압수했다.

제2차 세계 대전이 막 시작되었을 때 유럽 각국에서는 문화재를 지키기 위해 재빠르게 움직였다. 〈모나리자〉를 비롯한 루브르 박물관 소장품은 프랑스 남부로 옮겨졌고, 영국은 웨일스에 있는 광산을 개조해서 문화재 보관소로 만들었다. 소련은 예르미타시 미술관 소장품 120만 점을 시베리아로 대피시켰고 이탈리아는 미켈란젤로의 다비드상을 벽돌로 감싸기도 했다. 이런 노력에도 불구하고 나치 정권의 예술품 약탈이 조직적으로 이루어지자 연합군은 적극적으로 대비해야 했다. 1943년 연합군 내에서는 나치의 노략질을 저지하기 위해 13개국 350여 명으로 구성된 '모뉴먼츠 맨'이란 부대가 창설되었다. 이들은 박물관 관장, 큐레이터, 건축가, 시인, 고고학자, 미술품 복원전문가 등 다양한 직업을 가진 사람들이었다. 이들의 주된 임무는 회화와 조각, 서적을 비롯해 성당과 저택 등 건축물이 전쟁에서 파괴되지 않도록 보호하고 관리하는 것이었다. 또 강탈당하거나 실종된 예술품을 찾아내기 위해 성벽이 무너지는 위험한 상황에도 뛰어들었다.

영화 〈모뉴먼츠 맨: 세기의 작전〉에는 대원들이 나치에 의해 죽는 장면들이 나오는데, 실제로도 그런 경우가 더러 있었다. 이들은 비전투원이었지만 앞장서서 나치가 후퇴하면서 예술품을 가져가거나 파괴하는 것을 막고자 했다. 이들의 가장 큰 업적은 오스트리아 산악지대인 알타우제의 소금광산과 디즈니랜드의 모델인 노이슈반슈타인 성에서 예술품들을 찾아낸 것이다. 특히 소금광산에서는 회화 6,577점, 소묘·수채화 230점, 판화 954점, 조각 137점, 무기와 갑옷 129점 등 트럭 80대 분량의 예술품이 나왔다.

1944년에는 연합군에 의한 문화재 파괴 사건이 일어나 모뉴먼츠 맨 활동에 큰 영향을 끼쳤다. 연합군과 독일군이 격렬하게 전투를 벌였던 지역에 천 년의 역사를 지닌 몬테카시노 수도원이 있었는데, 연합군에 의해 공중 폭격을 당해 잿더미가 된 것이다. 이후 정신과 영혼을 지킨 성스러운 유산을 파괴했다는 비난이 빗발쳤다. 이 사건은 모뉴먼츠 맨 활동 중 가장 미미했던 기념물 전담반에 힘을 쏟는 계기가 되었다.

유서 깊은 기념물을 지키겠다는 모뉴먼츠 맨 정신은 6·25 전쟁에서도 빛을 발했다. 1950년 9월 북한군이 덕수궁 쪽으로 돌진한다는 정보를 입수한 미군은 덕수궁을 포격하기로 했다. 하지만 몬테카시노 수도원 사건과 모뉴먼츠 맨 활동을 알고 있던 미군 중위가 결사적으로 포격을 반대해 덕수궁을 지켜낼 수 있었다. 모뉴먼츠 맨의 활동과 정신 덕분에 오늘날까지 덕수궁이 건재할 수 있게 된 것이다.

■ 참고 자료

『보물을 지켜낸 사람들』(이향안 지음, 현암사) / 『모뉴먼츠 맨』(로버트 M. 에드셀 등 지음, 뜨인돌) / 「'모뉴먼츠 맨' 히틀러에 뺏긴 인류 보물 되찾다」(《문화일보》, 2014.02.18) / 「인류의 문화적 재화, 전쟁에서 구하라」(《서울신문》, 2017.02.08) / 아돌프 히틀러, 두산백과

강성했던 호라즘 제국이 지도에서 사라진 까닭은?

12~13세기 서아시아 지역에 대제국으로 존재했던 나라가 왕의 잘못된 판단으로 하루아침에 지도에서 사라져버렸다. 11세기에 강성했던 셀주크 튀르크가 약화되고 13세기 말 오스만 제국이 세워지기 전까지 잠깐 존재했던 호라즘 제국의 왕 알라 웃딘 무함마드(무함마드 2세, 재위 1200~1220)의 이야기다.

호라즘 제국은 1077년 중앙아시아를 가로지르는 아무다리야강 하류 유역, 오늘날 히비 지역에 세워져 1231년에 멸망한 이슬람 제국이다. 13세기 후반 이후 이 지역을 차지한 오스만 제국의 영향으로 호라즘 제국은 터키 역사에 속해 있다. 호라즘은 아무다리야강 하류의 비옥한 저지대를 가리키는 지명이며, 페르시아어로는 화레즘이라고도 한다.

당시 호라즘 제국은 중앙아시아 지역 대부분을 차지하고 있었다. 오늘날 이란, 우즈베키스탄, 투르크메니스탄, 타지키스탄, 아제르바이잔, 아프가니스탄 지역에 해당한다. 이곳에는 사마르칸트, 부하라 등 당시 학문과 기술, 문화의 중심지로 유명한 대도시가 있고, 실크로드가 통과하고 있어 호라즘 제국은 동서 교역을 장악할 수 있었다.

당시 동쪽에는 칭기즈칸(Chingiz Khan, 1155~1227)의 몽골 제국이 세력을 확장하면서 호라즘 제국과 국경을 접하고 있었다. 대제국을 건설한 칭기즈칸에게도 호라즘 제국은 쉬운 상

호라즘 제국 영역

대가 아니었다. 그래서 전쟁보다는 외교를 통해 원만한 교역 관계를 바라고 있었다.

1217년 호라즘 제국의 왕 무함마드 2세는 몽골 제국의 칭기즈칸에게서 우호적인 친서를 받는다. "나는 해 뜨는 땅의 지배자요, 그대는 해 지는 땅의 통치자이니 우리 우애와 평화의 협약을 굳게 맺읍시다"라는 내용이었다. 이 한 장짜리 친서가 멸망의 서막이었다. 당시 칭기즈칸은 전쟁보다 교역을 희망하며 화친을 맺기 위해 친서를 보냈다. 전쟁 없이 통상을 하게 되면 양쪽 모두에게 좋을 것이라고 생각했기 때문이다.

몽골 제국은 오랫동안 전쟁을 지속해왔기에 농사가 잘되지 않았다. 실크로드가 지나가는 호라즘 제국과 통상 조약을 맺으면 평화와 경제라는 두 마리 토끼를 모두 잡을 수 있다고 여겼다. 그런데 문제는 무함마드 2세에게 있었다. 당시 두 제국은 국경을 접하고 있어서 정복 대상이 겹치는 경우가 종종 있었다. 그런데 그때마다 몽골군이 선점해 적을 물리쳤다. 여러 번 몽골 제국에 정복 지역을 빼앗긴 무함마드 2세는 자존심이 상해 있었다.

또 한 가지 결정적인 부분은 친서의 "나는 해 뜨는 땅의 지배자요, 그대는 해 지는 땅의 통치자이니"라는 내용이었다. 객관적으로 보면, 나는 동쪽의 지배자, 너는 서쪽의 지배자라는

칭기즈칸

뜻일 뿐인데, 무함마드 2세는 "나는 떠오르는 왕, 너는 지는 왕"으로 읽은 것이다. 정복 대상을 빼앗겨 가뜩이나 심기가 불편한 상황에서 이런 친서의 내용은 그의 자존심을 자극했다.

칭기즈칸과 무함마드 2세는 여러 번에 걸쳐 선물을 주고받으며 친서를 교환했다. 칭기즈칸이 선물로 비단을 보내면, 무함마드 2세는 자신을 비단조차 사용해보지 못한 사람으로 깔보았다고 생각해 답례로 거대한 금덩이를 보내기도 했다. 무함마드 2세는 선물을 주고받을 때 이런 식으로 칭기즈칸이 보내온 선물보다 더 큰 선물을 답례로 보내곤 했다.

이렇다 보니 칭기즈칸은 무함마드 2세가 자국에 우호적이라고 판단해 친선 관계를 본격화하고자 사절단을 파견하게 된다. 교역 증진을 위해 상인 450명, 병사 100명, 낙타 500필 규모의 첫 통상 사절단을 보냈다. 이들은 호라즘 제국 국경 지역에 있는 오트라르에 도착했는데, 오트라르의 성주 이날축(Inalchuq)이 사절단 전부를 간첩죄로 몰아 처형하고 교역품을 압류해버린 사건이 발생한다. 사절단이 호라즘 제국을 염탐하러 온 스파이라는 죄목이었다.

이날축이 무함마드 2세의 허락 없이 이런 행위를 했을 것으로 보이지는 않는다. 도리와 상식을 저버린 만행이었지만 칭기즈칸은 이날축 단독 행위로 보고 다시 한번 사신들을 파견했다. 무슬림 1명과 몽골인 2명으로 구성된 사신단을 보내 이 사건에 대해 항의하고 이날축을 처벌하라고 요구했다. 하지만 무함마드 2세는 무슬림 사신의 목을 베고 몽골인 사신들은 수염을 불태워 굴욕스러운 몰골로 돌려보냈다. 이는 칭기즈칸을 모욕한 것이다.

무함마드 2세의 도발 이후 칭기즈칸은 고향인 부르한 할둔산(Burkhan Khaldun)에 올라가서 3일 동안 기도를 했다. 전쟁을 고민할 때 기도하는 처소였는데, 이곳에서 기도를 하고 호라즘 정벌을 결심한다. 1219년 칭기즈칸은 호라즘으로 출정해 대대적인 정복 전쟁을 일으켰다.

칭기즈칸이 이슬람 신학의 중심지인 부하라를 함락하는 순간, 무함마드 2세는 패할 것임을 깨닫고 도망치기 시작했다. 칭기즈칸은 2만 명을 투입해서 무함마드 2세를 잡기 전까지 돌아오지 말라는 명령을 내리고, 결국 무함마드 2세는 카스피해까지 도망해 여러 섬을 전전하다가 실성해 1220년 폐렴으로 죽고 만다. 호라즘 제국은 칭기즈칸의 군대에 의해 모든 도시가 파괴되었고, 무함마드 2세의 아들이 인도로 도망해 호라즘 제국의 재건을 도모했으나 1231년 죽임을 당하면서 호라즘 제국은 완전히 멸망하고 만다.

칭기즈칸은 서쪽으로 더는 영토를 넓힐 생각이 없었지만 출정한 군대를 거두지 않고 계속 나아갔다. 그리고 아시아의 이슬람권을 거의 다 정복하고 유럽으로 진출했다. 칭기즈칸이 1227년에 죽은 후 그의 아들과 손자들이 영토를 확장해 결국 폴란드에서 고려까지 장악해 대제국을 건설할 수 있었다. 몽골은 인류 역사상 가장 큰 단일 영토를 다스린 대제국이 된 것이다.

한 나라의 책임자는 자신의 자존심을 드러내기에 앞서 신중해야 하는데, 호라즘 제국의 무함마드 2세는 그러하지 못했다.

그의 잘못된 판단이 오만에서 비롯된 것인지 아니면 대외 정세를 제대로 파악하지 못한 무능함 때문인지 알 수는 없다. 그것이 무엇이든 그는 나라의 책임자로서 상황을 잘못 판단하는 실수를 했고, 그로 인해 나라가 망해버렸다.

참고 자료

『인간의 흑역사』(톰 필립스, 월북) / 호라즘 왕조, 나무위키 / 호라즘, 두산백과 / 몽골의 침공과 하레즘의 멸망(터키사), 네이버 지식백과

'사랑'도 전술이
될 수 있을까?

   고대 그리스 지역의 도시국가 테베에는 동성애로 구성된 정
예부대가 있었는데, 이들을 신성대라고 했다. 애인과 함께 전
쟁에 참여하면 애인을 지키기 위해 더욱 결사적으로 변하는
것일까? 당시 신성대는 막강한 스파르타 군대를 무찌르는 등
무적의 군대였다. 게이 부대라고도 불린 신성대가 어떻게 구
성되어 강력한 부대로 성장했고, 언제 와해되었는지 고대 그
리스 세계로 들어가보자.

   테베(Thebae)는 고대 그리스 보이오티아 지역에 자리한 도
시국가였다. 현재는 중앙그리스주 보이오티아현에 있는 소도

시 티바에 해당한다. 기원전 2000년부터 그리스인 일부가 이곳에 들어와 선주민을 밀어내고 도시국가를 세웠다. 테베는 오이디푸스 신화의 무대이며, 주변이 산으로 둘러싸여 외적 방비에 적합하고 농산물이 풍부해서 일찍부터 번영했다. 페르시아 전쟁(BC 492~BC 479) 때는 페르시아 편에서 그리스 국가들과 싸웠고, 펠로폰네소스 전쟁(BC 431~BC 404) 이후에는 아테네 편에 서서 스파르타와 대립했다. 테베는 아테네와 스파르타 중심의 양국 구도를 견제하는 제3세력의 역할을 했다. 그러다가 기원전 335년 마케도니아의 알렉산드로스 왕(재위

신성대

BC 336~BC 323)에게 패하면서 몰락의 길을 걷는다.

고대 그리스 지방에 있던 도시국가 중 스파르타가 군사적으로 가장 강력했다. 포위되지 않는 한 그리스 국가 중에서 스파르타의 밀집방진 군대를 이긴 국가가 없었다. 밀집방진(密集方陣)이란, 전쟁에서 군인을 배치하는 방법 중 하나다. 긴 방패를 들고 병사들끼리 서로 밀집해서 대열을 갖춘 뒤 사정거리에 들어온 적을 향해 돌진해서 공격하는 형태였다. 이는 당시 그리스 도시국가들의 일반적인 전술로서, 밀집 중무장 보병 전술 또는 그리스 말로 팔랑크스라고 불렀다. 그런 스파르타 군대가 그리스 패권을 놓고 테베 군대와 싸워 처음으로 대패하고 만다.

테베가 스파르타를 무찌르는 데 사용한 전술은 밀집방진 등과 같은 진을 치는 방법이 아니었다. 스파르타와의 전투에서 가장 큰 공을 세운 특별한 군대가 있었다. 국가 전체에서 신분의 높고 낮음에 상관없이 능력이 뛰어난 군인들을 뽑아 만든 정예부대였다. 테베의 정예부대는 어린 시절에 선발되었다. 이들은 30세가 넘어가면 체력이 떨어진다는 이유로 부대에서 퇴출당했지만, 복무하는 동안은 국가가 최고급 무기와 의식주를 제공해 최상의 혜택을 누렸다. 이 정예부대가 신성대였다.

신성대의 특징은 동성 연인 150쌍, 300명으로 구성되었다는 점이다. 150쌍의 연인이 서로 짝을 이뤄 싸우는 전술을 썼다. 옆에서 연인이 싸우고 있는데 혼자 도망칠 사람은 없을 것이다. 이들에게 후퇴란 없었다. 옆에서 싸우던 연인이 죽거나 다치면 더욱 맹렬한 기세로 적에게 달려들었기 때문이다. 사랑을 전술로 이용해 강력한 군사력을 갖춘 셈이다. 이런 전술로 신성대는 그리스 최강의 군대가 되었다. 동성애를 바탕으로 했지만 단순한 육체적 관계가 아니었다. 어린 소년과 그를 지도하는 후견인의 관계로 출발해서 20대 중반의 베테랑 병사와 어린 10대 소년이 짝을 지어 생사를 함께하며 자신의 경험과 전술을 자연스럽게 전달하는 관계였다.

당시 신성대 성인 병사는 전투에서 모범적인 모습을 보여주어야 했고, 어린 소년은 선배 병사의 가르침에 보답하기 위해 열심히 싸웠다. 여기에 서로를 지켜주고자 하는 사랑까지 더해졌으므로 강력한 군대가 될 수밖에 없었다. 신성대를 앞세워 스파르타를 꺾은 테베는 고대 그리스 지역의 최강 국가가 되었다.

그러나 이렇게 엄청난 위력을 자랑하는 신성대도 마케도니아에서 세력을 확장하던 젊은 왕 알렉산드로스 왕에게 패배하고 만다. 알렉산드로스 왕의 아버지인 필리포스 2세가 어린 시절 테베에 인질로 잡힌 적이 있었다. 이때 신성대에서 활동한 그는 신성대의 전술을 익혔고, 마케도니아로 돌아와 이 전술을 돌파할 수 있는 방법을 강구했다. 그래서 일반 창보다 두 배나 긴 창을 만들어 마케도니아 군대를 훈련시켰다. 훗날 알렉산드로스는 아버지의 전술을 이어받아서 테베와 아테네 군대에 맞서 승리할 수 있었다. 이때 마케도니아 군대에 맞선 신성대는 300명 중 254명이 전사하는 등 전멸했고, 이후 다시 결성되지 못했다.

신성대는 일부 사람들이 오해하는 것처럼 퇴폐적이거나 동성애 자체를 위한 부대가 아니었다. 군대를 운영하는 진법의 특수성이나 당시 국가의 전략에 따라 만들어진 특수한 부대였다. 그리스 철학자 플라톤은 저서 『향연』에서 다음과 같이 말했다. "연인으로만 이루어진 국가나 군대를 만들 수 있다면 그보다 더 좋은 방법은 없다. 모든 병사가 연인과 함께 싸운다면 아무리 적은 세력이라도 세계를 정복할 수 있을 것이다." 이 글을 보면 당시에는 신성대와 같은 동성애적 군대가 자연스럽게 받아들여졌을 것으로 보인다.

특히 플라톤은 플라토닉 사랑을 동성애에서 찾았다. 이성애는 자손 번식이란 인간의 본능에 휘둘릴 수 있지만, 동성애에는 그런 것이 없어 더 순수하다고 본 것이다. 철학자의 의견이긴 하지만, 동성애와 이성애 모두 인간의 본성에서 시작된다고 볼 때 신성대라는 다소 생소한 특수부대의 존재는 특별한 것이 아닐 수도 있다. 단지 사랑을 전술로 이용했다는 것이 특별하다.

참고 자료

『세계사 지식in 사전』(조병일 등 지음, 연암서가) / 「테베는 어떻게 죽음을 불사하는 무적 부대를 거느렸나」(《한국일보》, 2020.02.08) / 「'신성부대'에 대한 오해」(《아시아경제》, 2020.05.12) / 테바이 신성대, 위키백과 / 신성부대, 나무위키

스팸의 모든 것

사용자의 의지와 상관없이 발송되는 광고 메일이나 기타 메일을 스팸메일(spammail)이라고 부른다. 스팸(SPAM)은 통조림 이름이기도 하다. 햄과 광고 메일, 무슨 연관성이 있어서 같은 이름으로 불리게 되었을까? 영어 철자도 같고, 의미도 같은 이 단어의 기원을 알기 위해서는 제2차 세계 대전으로 올라가야 한다.

스팸은 미국 기업인 호멜식품에서 만든 통조림 햄이다. 호멜식품은 전통적인 방법으로 햄과 베이컨을 만들어 파는 육가공 회사였다. 직원 요리사가 가공하고 남은 돼지고기 부위를 어디에 써야 할지 고민하다가 이것들을 갈아서 양념한 후 캔 속에 넣어 익히는 방법을 착안해냈다. 그래서 스팸(SPAM)이라는 이름은 양념한 햄(SPiced hAM)을 줄인 것이기도 하고, 돼지고기 어깨 살과 햄(Shoulder of Pork And haM)의 머리글자를 따 만든 것이기도 하다. 스팸은 1937년에 출시되었는데 가격이 저렴하고 맛도 좋아서 출시한 지 얼마 지나지 않아 회사의 주력상품이 되었다.

이후 제2차 세계 대전이 일어나면서 스팸은 폭발적인 판매량을 기록하게 된다. 정상적인 물자 보급이 불가능한 전쟁터에서 병사들에게 고기를 제공할 수 있는 방법이 통조림이었기 때문이다. 제2차 세계 대전 동안 전 세계에 파병되는 군인들에게 통조림 햄을 대량으로 제공했는데 대부분이 호멜식품의 스팸이었다. 군인들은 스팸을 이용해 온갖 종류의 조리법을 개발해서 음식을 만들어 먹기 시작했다. 스팸 샌드위치, 스팸 튀김, 스팸 마카로니, 스팸 수프 등등. 또 스팸을 먹기만 한 것이 아니라 빈 캔은 냄비나 팬으로 재활용했고, 스팸에서 나온 기름은 총을 닦거나 피부 보호용으로 쓰였으며 초로도 사용했다.

하지만 아무리 맛 좋고 버릴 것이 없는 스팸이라도 수개월 동안 계속 먹기는 힘들다. 제2차 세계 대전 중 독일에 의해 해

제2차 세계 대전 당시 보급된 스팸

상 보급이 끊긴 영국에는 스팸이 항공 보급으로 충분히 지원되어 처음에는 간편하고 맛도 좋아 많이 먹었지만, 계속 스팸만 먹어야 하는 상황이 이어졌다. 그래서 영국인들은 전쟁이 끝날 무렵에는 스팸을 쳐다보는 것도 싫어할 만큼 질려버렸다. 또 미국 군인들도 스팸을 주요 재료로 한 식사 메뉴에 싫증을 냈다.

전쟁이 끝난 뒤에도 호멀식품은 스팸을 팔기 위해서 대대적인 마케팅 작업에 들어갔다. 하지만 이미 전쟁을 겪으면서 스팸에 싫증을 느낀 사람이 많았기 때문에 이 회사의 광고가 달갑지 않았다. 결국 광고 공해 문제로까지 이어졌다. 이때 호멀식품의 광고 전략 때문에 스팸메일이라는 부정적인 단어까지 만들어진다.

1970년대 영국의 시트콤 〈몬티 파이튼과 성배〉는 호멀식품의 지나친 마케팅으로 인한 광고 공해 문제를 풍자했다. 스팸을 먹고 싶지 않아 몸부림치는 부부와 스팸 없는 메뉴는 있을 수 없다는 음식점 사이의 콩트를 그린 것이다. 여기서 인물의 대화 끝에 후렴구처럼 '스팸'이란 단어를 사용했다. 이 콩트는 내가 원하지 않는데 자꾸 마주치게 되는 상황을 스팸이라고 풍자한 것이다. 호멀식품 측에서는 영국의 이 시트콤에 대해 '우리의 브랜드 이미지를 확고하게 해준 중요한 작품'이라는 평을 내렸다. 스팸의 이미지를 이미 파악하고 있었고, 그만큼 이 통조림이 사람들의 삶에 깊숙이 파고들었다는 자부심에서 나온 말로 보인다.

첫 스팸메일은 1978년 미국 컴퓨터 영업사원이 400명에게 보낸 광고 메일이다. 이때는 인터넷의 기원으로 불리는 아르파넷이 사용되고 있었다. 이후 인터넷시대가 되면서 광고 메일 홍수시대가 열렸다. 제조사의 무차별적인 광고 폭풍 때문에 생겨난 부정적 이미지가, 사람들이 원하지 않는 광고 전체를 일컫는 말로 발전하면서 스팸메일이란 단어가 생겨난 것이다.

그럼 우리나라에는 스팸이 언제 들어왔을까? 스팸은 해방

후 미군들과 함께 들어와 6·25 전쟁 때도 이용된 전투 식량이었다. 이후 미군 부대에서 유출된 스팸과 소시지 등이 김치찌개에 첨가되면서 부대찌개가 생겨났다. 부대찌개는 미군 부대 주변 지역을 중심으로 점차 퍼져나갔다. 특히 부대찌개는 가격이 저렴해 1960~1970년대 산업화 과정에서 형성된 공장 노동자들에게 큰 인기를 끌었다. 이제는 부대찌개가 일반 회사원들의 주요 외식 메뉴로 자리 잡았고, 스팸은 대표적인 육가공 식품으로 대형마트에서 쉽게 찾아볼 수 있는 식품이 되었다.

스팸과 스팸메일, 먹는 음식인 통조림 스팸과는 크게 연관성이 없고, 단지 스팸을 제조한 회사의 광고가 문제였다. 지나

스팸메일

친 광고가 결국 스팸메일이라는 부정적인 단어를 만들어낸 것이다. 인터넷 매체가 발달할수록 스팸메일 현상은 줄어들지 않을 듯 보인다.

참고 자료

「스팸메일은 왜 통조림 햄 이름에서 유래됐을까?」(《컬진》, 2018.02.07) / 「스팸이란 단어에 숨겨진, 잘 모르는 이야기」(《오마이뉴스》, 2017.01.10) / 「스팸메일을 왜 '스팸' 메일이라 부를까?」(정한진 글, 서울정보소통광장) / 『단어 따라 어원 따라 세계 문화 산책』(이재명 외 지음, 미래의창)

전쟁도 멈추게 한
크리스마스의 기적

유럽과 같은 그리스도교 문화에서 크리스마스는 큰 명절이다. 가족과 이웃이 함께 모여 음식을 나누며 안부를 전한다. 이 전통은 전쟁 중에도 예외 없이 행해졌다. 제1차 세계 대전이 한창이던 1914년 12월 25일, 독일군과 영국군은 크리스마스 캐럴을 함께 불렀다. 총부리를 겨누어야 할 전선에서 병사들은 캐럴을 주고받으며 크리스마스 기적을 일으켰다.

1914년 오스트리아·헝가리 제국의 황태자 부부가 보스니아의 수도 사라예보 방문 중 세르비아 청년에게 총격을 받아 사망한 사라예보 사건이 일어났다. 이에 오스트리아·헝가리

제국이 세르비아에 선전포고를 하면서 제1차 세계 대전이 시작되었다. 이 전쟁은 오스트리아·헝가리 제국과 독일 중심의 동맹국에 맞서 세르비아 편에 선 영국과 프랑스 중심의 연합국이 참여하면서 세계 전쟁으로 확대되었다. 이 전쟁의 특징은 참호전이란 점이다. 참호는 적의 총격이나 포탄을 막고 숨어서 전투를 수행하기 위해 땅을 깊게 파서 만든 도랑으로, 이런 참호를 이용해 벌인 전쟁을 참호전(trench warfare)이라고 부른다. 당시 참호에는 소총, 기관총, 박격포와 바리케이트 설비, 다른 참호로 이동하며 사격할 수 있는 교통수단 등이 설치되어 있었다.

1914년 전쟁을 일으킨 독일은 전쟁 초반에는 승승장구하는 듯 보였지만, 9월에 벌어진 전투에서 패하며 후퇴하게 된다. 이때부터 전쟁은 지루하게 이어졌고 소강상태에 빠져들었다. 서로 멀리 떨어져 참호를 파고 그 안에서 서로를 공격했다. 어느 한쪽도 쉽게 전진할 수 없어 대치 상태가 길어질 수밖에 없었다. 이때 가톨릭 수장인 교황이 크리스마스 연휴 기간만이라도 공식적으로 휴전할 것을 동맹국과 연합국에 요청했다. 또 영국에서 참정권 투쟁을 하던 여성들이 독일 진영에 편지를 보내 크리스마스 연휴 기간에 비공식적으로 정전을 해달라고 공개적으로 제안하기도 했다. 이러한 일련의 행동들이 전쟁에 지친 양 진영 병사들의 마음을 움직였다. 1914년 크리스마스를 앞두고 서부전선의 여러 곳에서 비공식적으로 병사들끼리 정전을 했다.

병사들은 각자 자기 진영에서 크리스마스를 즐긴 게 아니라 적군 참호에 들어가 캐롤을 주고받으며 밤새도록 노래를 불렀다. 그뿐 아니라 크리스마스 연휴 동안 서부전선 곳곳에서는

1914년 크리스마스 때 독일군이 영국군에게 다가와 정전을 제의하는 모습

2008년에 크리스마스 정전을 재연한 장면

독일군과 영국군이 축구 경기를 했다. 전쟁 중이라 번듯한 경기장에서 할 수는 없었지만, 간단한 공놀이를 하며 즐거움을 나누었다. 사실 이들은 크리스마스가 되기 전, 이미 전쟁이 소강상태에 있을 때 종종 정전을 일시적으로 약속하고 친교 활동을 벌였다. 서로의 음식을 바꾸어 먹거나 만나서 담배를 나누기도 했다. 병사들은 허공에 총을 쏘는 것을 신호로 의사소통을 했고, 상대방에게 불순한 의도가 없다는 것을 확인한 뒤에 서로 가까이 다가가 함께 시간을 보냈다. 독일군 중에는 전쟁 전에 런던에 살았던 사람이 많아서 영국군과 독일군은 영어로 의사소통을 하면서 축구 리그 경기 결과를 알려주거나 영국에 남아 있는 독일 병사의 여자 친구 소식을 전해주기도 했다.

크리스마스 정전에 대한 각국의 반응은 어떠했을까? 각국 정부가 보도 금지를 요청했기 때문에 국민에게 알려지지는 않았다. 하지만 어떤 신문은 보도금지 지침을 깨고 기사를 냈는데, 기사를 본 대부분의 국민은 호의적인 반응을 보였다.

그러나 크리스마스의 기적은 지속되지는 않았다. 1915년 크리스마스에는 독일군이 먼저 영국군에게 비공식 정전을 하자고 했으나 영국군은 이를 거절했다. 연합군 지휘부에서 올해 크리스마스에는 정전을 맺지 말라고 모든 군대에 명령했기 때문이다. 나중에 프랑스 대통령이 된 샤를 드골은 제1차 세계 대전에 초급 장교로 참전했는데, 이러한 크리스마스 정전을 개탄스러운 일이라고 평하기도 했다. 그러나 모든 장교가 반대한 것은 아니었다. 양쪽 진영의 일부 지휘관들은 신사적인 협정을 맺어 크리스마스 축제를 함께 즐겼다. 이들은 정전 기간에 버려졌던 동료들의 시신을 수습하고 함께 기념사진도 찍었다.

크리스마스 정전은 1915년부터는 아주 일부 전쟁터에서만 일어났지만, 전쟁이 끝나는 1918년까지 이어졌다. 수많은 살

상자를 낸 전쟁이었지만, 평화를 바라는 인간의 본성은 꺾을 수 없었다. 한 사람의 용기 있는 행동이 모여 전쟁터에서 총소리 대신 크리스마스 캐럴이 울려 퍼지게 했다. 이것이야말로 크리스마스의 기적이 아닌가.

참고 자료

『B급 세계사』(김상훈 지음, 행복한작업실) / 크리스마스 정전, 위키백과 / 참호전, 위키백과

신의 계시를 믿고 떠난
소년 십자군의 결말은……

잔 다르크(Jeanne d'Arc, 1412~1431)는 손꼽히는 프랑스 영웅
이다. 그는 13세 때 조국 프랑스를 구하라는 천사장 미카엘의
계시를 받았다. 잔 다르크는 신의 계시대로 참전해 프랑스군
을 승리로 이끌었고, 이후 프랑스 영토에서 잉글랜드를 쫓아
낼 수 있었다. 역사적으로 볼 때 잔 다르크처럼 신의 계시를
받았다고 주장하는 사람이 많았다. 신의 계시 중 가장 나쁜 결
과를 낳은 것은 1212년 프랑스 양치기 소년 에티엔이 받은 계
시다. 에티엔은 수만 명의 소년 십자군을 이끌었지만, 이들 대
부분은 노예가 되어 불행한 삶을 살았다.

11세기에서 13세기까지 유럽과 이슬람 세계는 십자군 전쟁에 휩싸였다. 당시 그리스도교의 성지 팔레스타인 땅과 예루살렘은 이슬람을 믿는 셀주크 튀르크가 차지하고 있었다. 이들이 계속 동쪽의 비잔티움 제국(동로마 제국)을 위협하자 비잔티움 제국 황제는 서유럽 교황에게 도와달라고 호소한다. 이

소년 십자군

에 교황이 이슬람교도로부터 성지를 탈환하자는 연설을 하면
서 십자군 전쟁이 시작되었다. 십자군이란 명칭이 붙게 된 것
은 당시 전쟁에 참가한 기사들이 가슴과 어깨 등에 십자가 표
시를 했기 때문이다. 십자군 전쟁은 표면적으로는 성지 탈환
이라는 이유를 내세웠으나 영토 확장과 경제적 이익 도모, 권
력 확대 등 정치적 이유도 복합적으로 얽혀 있었다. 전쟁은 총
8회에 걸쳐 단행되었다. 1차 전쟁은 군중 십자군으로 불린 대
다수 군중이 참여한 전쟁으로, 이때만 이슬람 세력이 미처 대
비하지 못해 예루살렘을 되찾을 수 있었다. 이후 7차례나 이
어진 전쟁은 모두 성지 탈환에 실패하고 만다.

소년 십자군은 주로 4차 십자군 전쟁 후 오랜 공백 시기에
등장했다. 4차 십자군 전쟁에서 실패한 후 유럽 사회에서는
한동안 전쟁을 계속해야 할지 갈등하고 있었다. 이 시기에 많
은 소년이 십자군을 구성해 전쟁에 참여하겠다고 길을 나섰
다. 지도급 소년들은 대부분 신의 계시를 받았다고 주장하며
십자군을 이끌었다. 대표적인 것이 독일 쾰른 부근 마을에서
일어난 니콜라스 십자군과 프랑스 방돔의 한 마을에서 일어난
에티엔 십자군이다. 이들 소년 십자군에는 어린이들만 참여한
것은 아니다. 니콜라스 십자군에는 당시 땅을 잃고 떠돌던 가
난한 농민, 빈민, 목수 등 다양한 사람이 참여했다.

두 소년 십자군은 1212년에 일어났다. 소년 니콜라스는 천사로부터 영감을 받았다고 주장하면서 사람들을 모아 예루살렘까지 행진하고자 했다. 어른들도 있었으나 대부분이 소년, 소녀들이어서 소년 십자군으로 불렸다. 이들은 알프스산맥을 넘어 이탈리아의 항구도시까지 행진했다. 수가 많아서 여러 무리로 갈라져서 행진했는데, 이 중 한 무리가 가톨릭 신부에게 발견되었다. 신부는 지중해를 건너겠다는 아이들에게 따뜻한 식사를 대접한 후 설득해 고향으로 돌려보냈다. 이때 사악한 상인들에게 배를 제공받은 다른 소년 십자군들은 이집트에 도착해 노예로 팔려가기도 했다.

같은 해 프랑스에서는 에티엔 십자군이 일어났다. 양치기 소년 에티엔은 양을 치고 있는 중에 한 거지 노인이 찾아왔는데, 그는 신이었고 그로부터 자신이 성지 회복의 임무를 부여받자마자 들판의 양들이 일제히 자신에게 절을 올렸다고 주장했다. 에티엔은 이런 신의 계시를 떠들며 돌아다녔고, 소문을 들은 소년 소녀들이 그에게로 모여들었는데, 순식간에 수천 명에 달했다. 이런 기적 같은 일이 벌어지자 각지에서 부자들이 돈과 물품을 희사하고, 마침내 1만여 명이 모여 소년 십자군이 결성되었다. 소년 십자군에 참여한 아이들은 대부분 고아와 부랑자였다. 나이도 10세에서 12세, 많아야 13세였다.

이런 아이들이 에티엔의 말만 듣고 십자군 전쟁에 참전한 것이다. 처음에는 이들의 부모도 성직자들도 모두 말렸다. 국왕 필리프 2세(재위 1180~1223)도 이들의 출정을 허락하지 않았다. 필리프 2세는 3차 십자군 지휘관으로 참전한 경험이 있었기에 더욱 이들의 출정을 말렸다. 해산 명령을 내렸지만 에티엔은 듣지 않았고, 자신이 바다로 가면 모세의 기적처럼 예루살렘으로 가는 바닷길이 열릴 것이라며 마르세유 항구로 향했다. 이때 아이들과 어른들, 즉 빈민, 여자, 노인들도 참여해 항구에 모인 수만 약 3만 명에 달했다고 한다.

항구에 도착한 이들 앞에 바닷길이 열리는 기적은 없었다. 대신 마르세유의 몇몇 상인이 자신의 배로 팔레스타인까지 데려다주겠다며 지원에 나섰다. 아이들은 배 7척에 나눠 타고 출항했지만, 그중 2척은 가는 도중 풍랑을 맞아 좌초되어 전원 사망했고, 나머지 5척에 타서 살아남은 아이들은 목적지인 팔레스타인이 아닌 북아프리카 해안에 도착했다. 배를 빌려준 상인의 목적은 북아프리카 이슬람인들에게 아이들을 노예로 파는 것이었다. 팔려간 소년 소녀들은 이집트 등지에서 죽거나 평생 노예 생활을 해야 했다. 이후 일부 이슬람인들이 불쌍히 여겨 노예로 잡혀 있는 아이들을 풀어주기도 했다. 이렇게 해서 고향을 떠난 지 7년이 지난 후 700여 명만 본국으로 돌

레바논 지중해에 세운 십자군 성

아왔다. 그리고 프랑스에서 소년 십자군의 지도자였던 에티엔
과 독일에서 소년 십자군을 이끌었던 니콜라스의 행방은 알 수
없었다.

십자군 전쟁 자체가 성지 회복보다는 지배자들이 저마다 욕
망과 야욕을 실현하기 위해 일으킨 전쟁임을 감안하면, 소년
십자군의 이야기도 충분히 있을 수 있는 일이다. 이 이야기는
실제적 사실로 증명할 수 있는 역사라기보다는 전설로 내려온
다. 그래서 니콜라스와 에티엔 외에도 많은 소년 십자군 이야
기가 있다. 교황과 사제들이 종교심을 강조해 많은 사람이 광
신자로 돌변했고 십자군 전쟁에 참여했다. 일부 소년들은 신
의 계시라는 환상에 빠져 영웅적 책무로 십자군을 일으켰고,
수많은 아이와 어른이 가세했다. 그러나 이들은 전쟁으로 많

은 것을 잃은 빈민과 부랑자가 대부분이었다. 이런 정황을 볼 때 십자군은 절망한 사람들이 선택할 수 있는 유일한 희망이 었을지 모른다. 그래서 수많은 소년 십자군 이야기가 전설처럼 회자되었던 것이다.

──── 참고 자료 ────────────────────────────────────

『세계사 지식in 사전』(조병일 등 지음, 연암서가) / 『B급 세계사』(김상훈 지음, 행복한작업실) / 잔 다르크, 다음백과 / 소년 십자군, 두산백과 / 십자군 전쟁, 두산백과

조선판 감옥 '포도청'은
어떤 모습일까?

우리 속담에 '목구멍이 포도청이다'라는 말이 있다. 먹고살기 힘들 때 쓰는 표현인데, 왜 목구멍을 포도청이라고 했을까? 포도청은 조선시대에 범죄자를 잡거나 다스리는 일을 맡아보던 관아다. 한성과 경기를 좌우로 나누어 좌포도청과 우포도청을 두었다. '목구멍이 포도청이다'라는 말은 먹고살기가 매우 어려워지면 자기도 모르는 순간 죄를 범하게 되어 포도청에 잡혀가게 된다는 뜻이다. 즉, 먹고살기 위해서 해서는 안 될 짓까지 하게 된다는 의미일 테다. 그렇다면 포도청은 어떤 환경이고 범죄자 처우를 어떻게 했는지 과거로 떠나보자.

포도청은 전국적으로 들끓는 도적의 횡포를 막기 위해 성종 (재위 1469~1494) 2년 포도장제(捕盜將制)에 기원을 두고 처음으로 임시 설치되었다. 중종(재위 1506~1544) 때 이르러 포도청이란 명칭이 등장했고 항구적 기관이 되었다. 포도청 조직에는 최고 책임자로 좌우 포도대장이 각각 1명씩 있었고, 그 밑에는 포도대장의 참모 역할을 하는 종사관을 각각 3명씩 두었다. 종사관 밑에는 포도부장과 군관, 말단 관속들인 포도군사가 있었다. 흔히 포졸이라고 부르는 말단 경찰이 포도군사다. 그들의 직속 상사인 포도부장과 군관은 포교라고 불렀다. 이들은 도적의 예방 및 체포를 위해 야간순찰, 그 밖에 법에 저촉되는 행위를 적발하는 임무를 수행했다. 또 양반집을 수색하고 여자 도적을 체포하는 '다모(茶母)'라는 여자 관비도 있었다. 다모의 역할이 여형사 정도로 알려져 있으나 실제는 그렇지 않다. 다모는 포도청뿐 아니라 여러 관청에 배속되어 주로 식모 같은 일을 했다. 다만, 포도청의 경우 여성과 관련된 범죄 수사 등에 다모가 참여해 수사권을 행사한 경우도 있었다.

포도청은 한성부, 즉 서울 일대의 치안을 담당하는 것을 주업무로 한 일종의 경찰 기구인 셈인데, 지금의 서울지방경찰청과 비슷하다. 포도청에서는 절도와 강도는 물론이고 위조 동전 주조, 인삼 밀매, 국경에서의 잠상 행위, 밀도살 등 다양한 범죄와 관련된 일을 맡아 처리했다. 오늘날의 경찰보다도 폭넓은 활동을 하다 보니 늘 업무에 시달렸다. 서울 도심을 배경으로 활동하는 각종 무뢰배, 치한, 강도, 절도범 등을 매일 상대하고 조사하는 일은 지금과 다름없이 당시에도 매우 힘들었을 것이다. 따라서 포도청에는 확실한 자백을 받기 위해 가혹한 고문과 형장이 다반사였다.

역사 드라마나 영화를 보면 바닥에 짚이 깔려 있고, 더러운 옷을 입은 죄수들이 나무 감옥 안에 갇혀 있는 장면이 나오는데 실제 포도청도 이런 모습이었을까? 1861년에 천주교 선교 활동을 위해 파리 외방 선교회 소속 프랑스 선교사 펠릭스 클레르 리델(1830~1884)이 우리나라에 들어왔으나 천주교 박해로 추방되었다. 그 후 상하이와 만주 등지에 머물다가 1877년(고종 14) 다시 잠입했으나 1878년 서울에서 체포되어 약 4개월간 포도청에 수감되었다. 이후 고향에 돌아간 리델은 포도청 경험을 담아 1901년에 『나의 서울 감옥 생활 1878』이라는 책을 출간한다. 이는 당시 우리나라의 습속과 천주교의 실정 등을 아는 데 중요한 자료가 되었다.

리델은 포도청에서의 생활을 상세히 기록했는데, 먼저 감옥 배치를 보면, 감방 옆에는 교수형을 집행할 때 쓰던 형구를 보관하거나 시신을 임시로 보관하는 방이 있었다. 나무판자 두

개가 놓여 있고, 그 아래에는 악취를 풍기던 조선의 재래식 화장실이 놓였다. 시체와 같은 공간에 있고, 재래식 화장실도 같이 있었다니 사극에서 보던 포도청보다 더 열악해 보인다. 또 포도청에 수감된 죄수는 크게 도둑, 채무 죄수, 천주교 신자로

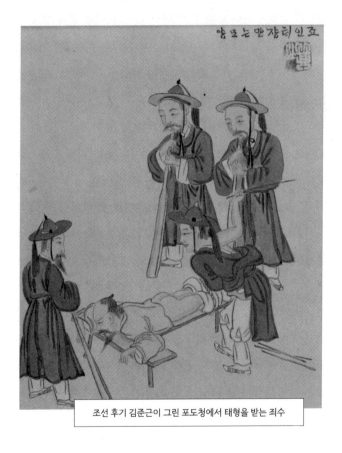

조선 후기 김준근이 그린 포도청에서 태형을 받는 죄수

나누었는데 도둑들이 가장 비참한 대접을 받았다. 이들은 밤낮없이 발에 족쇄를 차고 있어야 했으며, 밤에 졸기라도 하면 포졸들이 가차 없이 몽둥이로 온몸을 후려쳐서 깨웠다. 아무리 죄수라지만 포도청에선 인권을 보장받지 못했다. 리델에 따르면 포도청에는 포교 50여 명이 있었고, 그들 밑에 포졸 등 하급 직원과 망나니 등이 있었다. 포졸들이 몽둥이로 죄수를 때려 죽어 나가도 아무도 책임지지 않았을 뿐 아니라 교수형도 포도청 안에서 간단하게 끝냈다.

리델이 낯선 나라에서 감옥에 갇혀 있던 기억을 떠올려 쓴 글이니 감정이 좋을 리는 없었을 것이다. 그렇다면 포도청에 대해 쓴 다른 사람의 기록은 없을까? 한학자이자 민속연구자인 김화진이 쓴 『한국의 풍토와 인물』이란 책이 있다. 이에 따르면, 포교는 하루에도 몇 번씩 변장을 하고 한성부 시내를 순찰했다. 포교와 포졸들 사이에는 고유한 암호가 있어 매일 바꿔가며 사용했는데, 그들만의 은어를 썼다. 몇 가지 예를 들면, '밥을 내라(고문을 하라)', '모양을 내라(잔뜩 묶어라)', '대장으로 모시어라(칼을 채워두어라)', '새벽녘이다(단서를 얻었다)', '미꾸리다(새어 나갔다)' 등이 있다. 범인과 관련한 은어로는 힘이 없는 놈을 뜻하는 '파리', 억세고 무리를 이룬 자들인 경우에는 '참새'라고 했다. 포교와 포졸들이 밤마다 잠복했다가 범인을 발견하고 체포할 때 은어가 빛을 발했는데, 포교가 "파리!" 혹은 "참새!"라고 외치는 것에 따라 출동하는 포졸들의 규모가 결정되었다.

근대식 경찰의 뿌리라고 하는 파리 경찰청과 런던 경찰청이 1800년대 생겨난 데 반해 포도청은 그보다 300년 앞선 1500년대에 설치되었다. 그러다 1894년 갑오개혁 때 경무청으로 이름을 바꿔 유지되어오다 일제강점기가 시작된 1910년 사실상 해체되었다.

참고 자료

『조선 경찰』(허남오 지음, 가람기획) / 『경찰학 사전』(신현기, 박억종 외 3명 지음, 법문사) / 『나의 서울 감옥 생활 1878』(펠릭스 클레르 리델 지음, 살림) / 「목구멍이 포도청: 조선 경찰 이야기」(심재우 글,《한국역사연구회 누리집》) / 『한국의 풍토와 인물』(김화진 지음, 을유문화사) / 「조선시대 서울의 치안은 어떻게 유지가 되었을까?」(서울이야기, 서울역사박물관 어린이)

임진왜란 때 날아간
조선 최초의 비행기

쉽고 간편하게 시간을 읽을 수 있게 해준 해시계 앙부일구, 세계 최초로 강우량을 측정할 수 있었던 측우기, 임진왜란 때 왜적과 맞서 승리를 안겨준 거북선. 모두 조선시대에 만들어진 자랑스러운 우리의 발명품이다. 특히 측우기를 발명한 날인 1441년(세종 23) 5월 19일(양력)을 기려 1957년에 발명의 날을 정했을 만큼 세종시대에는 과학이 발달했다. 또 이순신 장군이 직접 설계해 만든 거북선은 세계 최초의 돌격용 철갑선으로, 서양보다 무려 250년이나 앞섰다.

게다가 잘 알려지지는 않았지만 선조 때 만들어진 놀라운 발명품 중 비행기도 있었다. 조선 초기까지는 과학 발전을 위해 힘썼다는 것을 알 수 있으나, 과연 조선시대에 비행기를 만들 수 있었을까? 정말 있었던 일인지 조선 비행기의 실체를 파헤쳐보자.

많은 사람이 인류 최초의 비행기는 미국의 라이트 형제가 만든 플라이어호라고 알고 있지만 놀랍게도 조선시대에도 비행기가 있었다. '바람을 타고 공중을 날아다니는 수레, 하늘을 나는 수레'라는 뜻으로 '비거(飛車)'라고 불렸으며, 조선 선조 때 발명가인 정평구가 임진왜란(1592~1598) 때 만들었다고 알려져 있다. 라이트 형제가 플라이어호로 첫 비행에 성공한 해가 1903년이므로, 적어도 300년이나 앞선 비행기라고 할 수 있다. 일본의 침략으로 조선이 위기에 처했던 임진왜란의 와중에 조선의 군인 정평구는 누구도 생각해내지 못했던 비행 수단을 개발해 전투와 보급에서 맹활약을 펼쳤다. 정평구가 만든 비거는 2명 이상 탑승할 수 있었고, 약 12킬로미터까지 조종해서 날 수 있는 완전한 형태의 비행 장치였다.

조선 후기 실학자인 이규경(1788~1856)은 당시에 구상할 수 있었던 비행 장치에 대한 다양한 가설을 자신이 저술한 백과사전 『오주연문장전산고』에 담았다. 이규경은 "임진왜란 때 정평구란 사람이 비거를 만들어서 진주성에 갇힌 사람들을

국립항공박물관에 전시된 비거 모형도

성 밖으로 데리고 나왔는데, 비거는 30리를 날았다"고 썼다. 또 다른 실학자 신경준(1712~1781)이 쓴 『여암전서』의 「책차제(策車制)」라는 글에도 "1592년 10월, 성이 왜적에게 포위되자 정평구는 비거를 타고 성안으로 들어가 우두머리를 태우고 30리 밖으로 피난시켰다"는 내용이 적혀 있다. 30리, 즉 12킬로미터는 대략 홍대에서 강남까지의 거리인데, 라이트 형제가 첫 비행에서 12초 동안 36미터를 날았던 것과 비교하면 분명 엄청난 비행 능력이었다. 하지만 아쉽게도 비거는 기록만 있을 뿐 설계도나 그림 같은 자료는 남아 있지 않아서 추정만 가능하다.

현대에 와서는 동래 정씨 후손인 김제 지역의 향토학자 정진형이 쓴 기록에 따르면, 비거에는 4명을 태울 수 있었고 따

오기(혹은 고니)와 같은 모양이었다. 배를 두드리면 바람이 일어서 공중에 떠올라 백장(百丈)을 날 수 있고, 양각풍(羊角風)이 불면 앞으로 못 나가고 광풍이 불면 추락했다. 1장(丈)이 3.03미터 정도에 해당하므로, 100장(丈)은 303미터 정도로 볼 수 있다. 양각풍은 나선 모양으로 부는 바람을 가리킨다. 비거는 솔개와 같이 만들었는데 양쪽에 날개를 붙이고 그 안에 틀을 설치해 사람이 앉게 했다. 물에서 목욕하는 사람이 헤엄치는 것처럼, 바람을 내면 날개가 저절로 떠올라가고 잠깐 동안에 천 리를 날아다니는 기세를 발휘했는데, 마치 큰 붕새가 날아다니는 것 같았다고 한다. 현재 복원되어 있는 모형에 따르면 전통 선박인 한선을 바탕으로 비거의 동체를 제작하고, 행글라이더의 날개에 가까운 돛 형태의 날개를 단 모양이다.

비거가 하늘을 날 수 있었던 원리도 밝혀졌는데, 조종 방법은 손으로 날개에 달린 줄을 당기고 발로는 꼬리 날개에 연결된 발판을 눌렀을 것으로 추정된다. 그리고 대신기전(大神機箭)의 약통을 여러 개 결합해 비행 추진력을 얻고, 재료는 가볍고 튼튼한 대나무와 한지 등을 이용했을 것으로 보인다. 자연 친화적인 구조로 만든 비거가 실제 존재했던 것이 밝혀지면 세계 비행 역사를 바꿨을 텐데, 설계도나 그림 자료가 없어 공인받지 못하는 것이 아쉽다.

당시 조정에서도 비거의 존재를 인정하지 않았다. 또 정평구의 비거 이후에 비행체가 있었다는 기록도 없어 비거에 대한 의견도 분분하다. 문헌에는 정평구가 소싯적부터 천재이면서 손재주가 많은 사람으로 나오지만 그의 출생과 사망 기록은 남아 있지 않다. 정평구가 비거 제작 비법을 전수할 기회조차 없었을지도 모르겠지만, 관련 기록들이 남아 있는 것으로 보아 비거의 존재는 우연이 아닐 것이다.

조선의 비거를 현재에 되살리기 위한 끊임없는 연구와 실험이 이어져 비거의 친환경적인 재료와 원리가 현대의 항공 과학이 나아갈 지속 가능한 비행기의 출발점이 되었으면 한다. 아울러 하늘을 날고자 했던 조선인의 꿈을 이루었던 비거가 조선의 과학 기술을 입증할 수 있는 또 하나의 위대한 발명품으로 인정받는 날이 오길 기대해본다.

참고 자료

『조선의 비행기, 다시 하늘을 날다』(이봉섭 지음, 사이언스북스) / 『떴다 떴다 비거, 날아라 정평구』(안영은 지음, 머스트비) / 「하늘을 나는 비거」(이윤애 글, 《디지털김제문화대전》) / 「조선시대에 비행기가 있었다? 비거의 진실」(YTN, 2018.03.06)

러닝머신은 사실
고문 기구였다

 현대인에게 운동은 필수다. 바쁘게 살다 보면 운동할 시간
이 부족해 걷거나 러닝머신을 이용한다. 러닝머신은 굳이 헬
스장에 가지 않아도 집에 들여놓고 할 수 있을 만큼 대중화되
었다. 열심히 뛰거나 걷다 보면 엄청나게 땀이 난다. 운동 효
과는 좋아 보인다. 그런데 러닝머신은 원래 수감자들을 처벌
하기 위해 사용된 고문 기구였다는 사실을 대부분의 사람들이
알까?

 러닝머신은 말 그대로 풀어보면, 달리는 기계라는 의미다.
우리나라에서는 러닝머신이라고 하지만 영어권에서는 트레

드밀(treadmill)이라고 한다. 이는 '밟다'라는 뜻의 트레드(tread)와 '분쇄하다'는 뜻인 밀(mill)이 합쳐진 말이다.

이 기구의 유래는 19세기 영국에서 시작되었다. 당시 영국에서는 죄를 지은 범죄자들에게 사형이나 교도소 수감 생활 중 하나를 선택할 수 있게 했다. 죄에 따라 선택 여부가 주어졌을 것이고, 대부분의 죄수들은 목숨을 부지할 수 있는 수감 생활을 선택했다. 이로 인해 교도소는 죄수들로 가득 차게 되면서 환경은 비위생적이었고, 통제되지 않는 난폭한 죄수들은 골칫거리였다. 그런데 1778년에 통과된 중노동법에 따라 수감 중인 죄수들은 모두 노동을 할 의무가 있었다. 그래

헬스장 러닝머신

서 수많은 죄수를 좀 더 강력히 통제하기 위해 트레드밀이 만들어졌다. 1818년 영국의 기술자 윌리엄 큐빗(William Cubitt, 1785~1861)이 통제와 생산력 증대를 위해 고안했는데, 원래는 농장에서 곡물을 빻는 등 회전력을 이용하는 농기구였다. 트레드밀은 수감자 10~20명이 가로로 눕혀진 거대한 원통을 밟아 돌리는 형태로 제작되었다. 죄수들이 바퀴에 올라 마치 계단을 오르듯 제자리에서 한 걸음 한 걸음 위로 오르면 거대한 바퀴가 돌아가도록 하는 방식이다.

초기에는 수감자들도 트레드밀 사용을 별것 아니라고 보았

교도소에서 이용한 일하는 기계 트레드밀. 위층에서 한 명씩 죄수들이 올라가서 원통 계단을 밟고 있고, 아래층 죄수들은 교대로 일하기 위해 기다리고 있다.

다. 하지만 얼마 안 가 트레드밀은 수감자들에게 고통을 주는 형벌 기구가 되어버렸다. 수감자들은 주 5일, 하루 6시간 동안 트레드밀을 타야 했는데, 이는 에베레스트산 절반 높이를 매일 오르는 것과 거의 맞먹는 정도였다. 게다가 열악한 환경 속에서 식사조차 제대로 하지 못한 이들에겐 더욱 견디기 힘든 고통이었다. 심지어 나중에는 죄수들 사이에 칸막이가 설치되어 대화조차 나누지 못하게 했다. 체력적인 한계와 트레드밀의 단조로움이 수감자들의 공포를 조장했다. 이로 인해 난폭한 수감자들도 통제할 수 있게 되었다.

트레드밀이 죄수들을 통제하는 데 효과가 좋다는 소문이 나면서 영국 전역의 교도관들에게 형벌 도구로 각광을 받았고, 50곳이 넘는 교도소에 도입되었다. 이후 미국에도 전파되어 수많은 교도소에 설치되었다. 하지만 이 기구는 노동을 통해 생산력 증대에 효과가 있다거나 죄수 통제에 필요한 적정량의 고통을 주는 정도가 아니었다. 죄수들에게 심리적이고 지속적인 고통을 가하여 인권 침해 요소가 컸다. 그래서 1898년 수감자들의 인권을 보호하는 교도소법이 통과되면서 트레드밀은 금지되었다.

고문 도구 트레드밀은 이렇게 역사 속으로 사라졌다. 그럼 이 기구가 운동용 러닝머신으로 사용된 것은 언제였을까?

1952년 로버트 브루스(Robert Bruce) 박사와 웨인 퀸튼(Wayne Quinton) 박사가 의료용 기기로서 트레드밀을 심장과 폐 질환 진단 도구로 개발했다. 당시에는 의과대학에서나 사용되는 첨단 의료 기구였고 가격도 비쌌다. 그러다가 1970년대에 이르러서 트레드밀은 운동 기구로 재조명되었다. 케네스 쿠퍼(Kenneth Cooper) 박사는 1968년 발간한 저서 『에어로빅』에서 유산소 운동의 중요성을 강조하면서 트레드밀이 운동 기구로 활용될 수 있다고 제안했다. 이런 제안에 영감을 얻어 미국의 엔지니어 윌리엄 스토우(William Staub)는 트레드밀을 많은 사람이 이용할 수 있는 운동 기구로 개발했다. 이후 1970년대 미국에서 불었던 조깅 열풍에 힘입어 트레드밀이 운동 기구로서 주목을 받으며 대중화되었다.

우리에게 익숙한 기구 중 교도소에서 사용되었던 것이 또 하나 있다. 브라질 산타리타 교도소에서 수감자들에게 자전거를 타게 했다. 이것은 고문 도구라기보다는 감형 자전거라는 표현이 적합하다. 이 교도소에서는 자전거 페달을 많이 밟으면 그만큼 수감 기간을 줄여주었다. 자전거에 발전기가 달려 있어 페달을 돌리면 전력을 생산할 수 있기 때문이다. 그래서 수감자들은 체력 단련보다는 수감 기간을 줄이기 위해 열심히 자전거를 탔다. 하루 16시간 동안 자전거를 타고 페달을 돌리면 하루를 감형받을 수 있어 이를 '자유를 향한 자전거'라고 불렀다. 이렇게 생산된 전기는 근처 동네의 가로등을 밝히는 데 사용되어 주민들의 안전을 지켜주었다. 게다가 수감자들도 자신이 밟는 페달로 감형을 받을 수 있을 뿐 아니라 동네 주민들에게 도움을 준다는 사실을 인식하면서 보람을 느끼게 되었다. 자전거 페달 밟기는 교도소의 본래 취지인 수감자들에 대한 처벌과 개선 의지를 모두 이룬 방식으로 보인다.

헬스장에서 러닝머신에 올라 뛰다 보면 지루하고 괴로울 때도 있다. 하지 않아도 되는 것을 굳이 건강이라는 이유로 해야 한다는 것이 고문처럼 느껴졌는데 이유가 있었다. 이 운동 기구가 과거 수감자들에겐 끔찍한 공포를 안겨준 형벌 도구이기 때문일까? 하지만 오늘날 러닝머신은 유산소 운동에서 없어서는 안 될 기구이며 건강한 삶을 위한 동반자이기도 하다.

참고 자료

「트레드밀(러닝머신) 시초 역사상 최고의 고문 형벌 기구[treadmill]」(《TEDDY-K》, 2017.04.12) / 「러닝머신은 원래 고문 도구였다?」(《중앙일보》, 2016.08.11) / 러닝머신, 나무위키 / 「밤길 안전을 지키는 '범죄자(?)'」(스브스뉴스, 2016.04.12)

조선시대에 벌어진
첫 국민투표

우리는 살면서 수많은 선택을 한다. 아침에 일어나 출근 준
비를 하면서 입을 옷을 골라야 하고 출근할 때 어떤 교통수단
을 이용할지도 선택해야 한다. 친구를 만날 장소도 골라야 하
고 뭘 먹을지도 정해야 한다. 일상생활에서뿐 아니라 나라의
국회의원과 대통령을 뽑을 때도 선택을 해야 한다. 선거를 하
거나 가부를 결정할 때 투표용지에 의사를 표시하여 일정한
곳에 내는 일이 바로 투표다.

각종 콘테스트와 오디션 프로그램에서 순위를 정할 때는 물
론 누리 소통망 서비스(SNS)에 자체 투표하기 기능이 있을 만

큼 사소한 일도 다른 사람들의 의견을 묻고 다수결 원칙에 따라 결정할 수 있다. 특히 코로나 19로 인해 비대면 생활이 일반화된 상황에서는 온라인 투표가 큰 역할을 할 때도 많다. 투표는 '민주주의의 꽃'이라 불리는 선거를 지탱하는 뿌리이며, 선거 이외에 국가의 중요한 사항에 대해 국민의 의견을 묻는 투표를 국민투표라고 한다.

우리나라에서 국민투표는 언제 처음 실시되었을까? 왕정 시대였던 조선에서 최초의 국민투표가 실시되었다는 사실을 알고 있는 사람은 많지 않은 듯하다. 왕이 다스리는 시대에 백성의 의견을 묻는 투표를 실시했다니 놀랍기만 하다. 게다가 서양 최초로 여론조사가 실시된 1824년보다 무려 394년이나

최초로 국민투표를 실시한 세종

앞선 1430년 조선 4대 왕 세종(재위 1418~1450) 때 국민투표가 실시되었다.

왕이나 독재자들이 지배했던 당시에는 모든 결정을 윗선에서 내렸고, 국민은 따라야만 했다. 조선시대 조세제도인 '답험손실법(踏驗損實法)'도 그렇게 결정되었을 것이다. 답험손실법은 고려 말기에서 조선 초기에, 관리나 토지 주인이 직접 농작의 상황을 조사해 보고하면 작황의 손결에 따라 세금을 덜어주거나 면제하던 세율 규정법을 말한다. 이는 고려 공양왕 3년 (1391) 과전법 실시 이후부터 조선 세종 26년(1444)에 공법을 제정할 때까지 시행되었다. 백성의 사정에 따라 세금을 부과한다는 점에서 이상적이었으나 문제점도 많았다. 이를 개선하고자 했던 왕이 세종이다. 세종은 기존 조세제도에 문제점이 많다는 사실을 깨달았다. 매년 모든 백성의 작황을 파악해야 하는 데다가 특정인이 현장에서 조사하고 기록하는 과정에서 조작과 부정부패가 들끓었던 것이다. 그래서 세종은 단순히 탐관오리를 벌하거나 제도를 유지한 채 개선하는 것만으로는 근본적인 문제를 해결할 수 없다고 판단했다. 이렇게 해서 새로운 제도인 공법이 도입되었다.

공법(貢法)은 중국 하나라 때의 조세법으로, 1인당 50무(畝)의 밭을 주고 5무의 수확을 바치게 했다. 매년 수확량을 확인하지 않고, 여러 해의 수확량을 합쳐 평균을 내서 세금의 정도를 결정했다. 조선에서는 세종 26년에 공법을 도입했는데, 종래의 답험손실법의 폐해를 바로잡고자 전국 각 도(道)를 토질에 따라 나누고, 모두 27종의 전등(田等)에 따라 각각 다른 세율을 적용해 조세를 거두어들였다. 조정에서 결정해 시행할수 있었지만 세종은 농사짓는 땅에 대한 새로운 세법인 공법제정을 두고 백성들의 의견을 묻는 국민투표를 실시했다. "부자부터 가난한 백성에 이르기까지 모두 이 법에 대한 가부를물으시오. 백성이 원치 않으면 행할 수 없소"라는 세종의 명에관원들이 붓과 종이를 들고 직접 백성들을 찾아다니면서 조사했다. 노비, 여자, 어린이를 제외한 백성과 관리를 대상으로실시된 이 투표에는 호구에 등록된 조선 총인구의 4분의 1에달하는 17만 2,806명이 참여했다.

조사 결과 찬성 57.1퍼센트(9만 8,657명), 반대 42.9퍼센트(7만 4,149명)로 찬성률이 높았지만 세종은 공법을 즉시 시행하지 않았다. 자세히 들여다보면 찬성하는 쪽은 비옥한 땅을 가지고 있었고, 흉년이 잦은 곳에서는 반대했기 때문이다. 이에세종은 바로 법을 실시하는 것이 아니라 부족한 점을 보완하고자 현장에 관리를 파견했고, 15년 동안이나 조정 내에서 토론을 펼쳐 공법의 허점을 찾으려 했다. 찬반토론을 거쳐 법이 완성되고 난 후에도 일부 지역에서만 시범적으로 운영해 실패의 위험을 낮추고자 했다. 결국 공법이 세제로 확정되기까지는 17년이 넘게 걸렸고, 이후 1489년(성종 20)에 가서야 전국에 걸쳐 실시되었다. 공법은 오랫동안 조선의 과세 기준 원칙으로 적용되었다.

민생을 돌아보고 억울한 백성이 없도록 꼼꼼히 살핀 세종의 정책 결정 과정은 대한민국 민주주의의 가능성을 보여준 첫 시도였다. 아울러 세종은 우리나라 최초의 국민투표를 실시한 왕으로 남게 되었다.

참고 자료

「우리나라 최초로 국민투표가 실시된 때는 언제일까요?」(KBS 〈역사저널 그날〉 공식 블로그) / 「세종대왕은 토지제도 개편을 위해 역사상 최초로 국민투표를 시행했다?」(《YTN사이언스》 핫클립, 네이버지식백과, 동영상백과) / 답험손실법, 한국고중세사사전

HISTORY

4

의식주의
역사

화장실의 역사

  우리나라에는 1970년대까지 재래식 화장실이 많았고, 1980~1990년대에도 지방에는 재래식 화장실이 여전히 남아 있었다. 재래식 화장실을 쓰다가 수세식 화장실로 바뀌었을 때 천국 같았던 기억이 난다. 밖으로 나가지 않고 실내에서 볼 일을 볼 수 있다는 것만으로도 행복했기 때문이다. 이젠 화장실이 더럽다는 인식은 거의 사라졌다. 공중화장실조차 관리를 잘해서 깨끗해졌기 때문이다. 지금 우리가 사용하는 수세식 변기는 근세 서양에서 만들어진 변기 의자와 비슷하다. 그 모양이 발전해서 오늘에 이르렀는데, 중세에만 해도 서양에는 화장실이 없어 길거리에 오물이 가득했다. 그래서 오물에 옷이 닿지 않도록 하기 위해 하이힐이 만들어졌다. 멋스럽고 화려한 드레스를 입은 여성들과 오물은 왠지 어울리지 않는다. 그런데 정말 그 시기에는 화장실이 없었을까? 화장실의 역사를 알아보자.

배설물은 인류가 처리해야 했던 골치 아픈 난제 중 하나였다. 오죽하면 기원전 6세기 무렵, 석가모니는 제자들에게 뒷간을 만든 뒤 "땅에 독을 묻고 눌 것, 냄새가 나지 않도록 뚜껑을 닫을 것, 벽이나 널에 문질러 바르지 말 것" 등 반드시 지켜야 할 에티켓을 일러주었다. 석가모니만이 아니다. 『구약성서』 신명기 23장 12~14절을 보면, "밖에 나가서 대변을 볼 때에 네 기구와 작은 삽으로 땅을 팔 것이요, 몸을 돌이켜 그 배설물을 덮을지니……"라며 깔끔하게 처리할 것을 성서에도 기록되어 있다.

그렇다면 수세식 화장실은 언제 만들어졌을까? 가장 오래된 것은 기원전 3000년대부터 기원전 1400년대에 나타났다. 인도의 인더스강 유역 모헨조다로 유적에서 오늘날 수세식 화장실과 원리가 비슷한 시설이 발견되었다. 물론 오늘날 화장실과는 조금 다르지만 물을 흐르게 설계하고 그 위에서 용변을 보도록 했다.

고대 공중화장실(터키 지역)

또 기원전 2200년 무렵 메소포타미아 지역에서 발전한 바
빌로니아 왕국의 우르 지방에서도 수세식 변기가 발견되었다.
하수관을 통해 분뇨를 수세 용수와 함께 건조한 모래땅으로
스며들게 했다. 에게해 크레타섬에 있는 크네소스 궁전에서도
기원전 1700년 것으로 보이는 수세식 변기가 발굴되었다. 변
을 받을 수 있도록 접시처럼 생긴 도기(陶器)와 나무로 만든 것
이었다. 그리스에서는 배수 시설이 불완전해 요강을 이용하여
배설물은 모아두었다가 일정한 곳에 버렸다.

이렇듯 화장실은 인류 문명의 시작부터 발달해왔다. 화장실
이 발달할 수 있었던 이유는 당시 사람들이 깔끔한 것을 좋아

했기 때문이고, 종교적인 의도도 있었다. 신을 잘 섬기기 위해서는 내 몸을 깨끗이 해야 했기에 배설물을 잘 흘려보내는 것이 매우 중요한 일이었다.

목욕 문화가 발달했던 로마의 화장실은 어떠했을까? 로마시대에는 세계 최초의 공중화장실이 설치되었다. 4세기 무렵에 대형 화장실 144개와 간이 화장실 254개가 설치되었고 소변만 따로 처리하는 소변기도 있었다. 칸막이도 없는 화장실이었지만 모두가 긴 옷을 입고 있었기 때문에 수치심을 덜 느꼈을 것이다. 당시 화장실은 국가가 운영하는 시설이었고, 이용료도 내야 했다. 시민들은 자발적으로 이용료를 냈다.

이후 서양 중세시대부터는 화장실의 암흑기가 시작되었다. 실내 화장실 문화가 사라진 것이다. 크리스트교가 일상생활까지 관여하게 되면서 육체와 관련된 생리적 욕구는 감춰야만 했고 배설 시설은 보이지 않는 곳에 두어야 했다. 화장실이 실외로 나가면서 뒷간, 야외 변소, 요강 등이 다시 등장했다.

일반인들은 요강을 이용했는데, 문제는 요강의 내용물을 비가 올 때 길거리에 그냥 버렸다는 것이다. 이 때문에 프랑스파리는 '원형의 변소'라는 오명이 붙었다. 당시에는 프랑스의 베르사유 궁전뿐만 아니라 유럽의 화려한 궁전에도 화장실이 없었다. 대신 왕족과 귀족들은 각자의 집에 뚜껑 달린 개인용

중세시대 바깥으로 돌출된 성의 화장실

변기 의자를 두고 사용했다. 그러나 배설물 처리 방식은 일반
인들의 요강과 같았기에 거리가 지저분해지는 것은 마찬가지
였다.

그렇다면 지금 우리가 쓰는 것과 같은 형태의 수세식 화장
실과 변기는 언제부터 일반화되었을까? 가정용 수세식 변기
를 고안한 사람은 16세기 말 영국의 존 해링턴(John Harington,
1561~1612)이다. 그가 고안한 수세식 변기는 엄청난 악취가 난

다는 단점이 있었다. 18세기에 가서 영국 발명가인 알렉산더 커밍스(Alexander Cummings, 1810~1879)가 배수 파이프를 U자 모양으로 구부러지게 해서 하수구에서 올라오는 악취를 차단한 수세식 변기를 만들었다. 지금은 모든 수세식 변기에 이 U자 모양 배수관이 사용된다.

지금까지 서양의 화장실 역사를 살펴봤는데, 우리나라의 화장실은 어떻게 발전해왔을까? 2014년 경주 동궁과 월지 유적지에서 8세기 통일신라시대의 수세식 화장실이 발굴되었다. 이곳에서는 변기와 오물 배수 시설이 처음으로 함께 발견되었다. 현재까지 조사된 통일신라시대의 고대 화장실 중 가장 고급형으로 분류된다.

일제강점기 때에 와서 조선총독부와 특급호텔, 백화점 등에 수세식 변기가 보급되었다. 주거용 수세식 화장실이 처음 들어온 것은 광복 후 서울 고려대학교 옆에 세워진 종암아파트였다. 수세식 화장실이 일반화된 것은 1977년부터다. 경제개발로 국민총생산이 증가하면서 국가에서는 음식점과 같은 접객업소에 수세식 화장실을 반드시 설치해야 한다는 조건을 만들었다.

우리나라의 경우 수세식 화장실이 일반화된 시기가 짧은 반면 오랫동안 재래식 화장실을 사용해왔다. 서양과 달리 동양에서는 농경문화의 영향으로 배설물을 거름으로 사용하기 위해 모아두는 화장실 문화가 발달했다. 이를 재래식 화장실이라고 한다. 배설물을 더럽게 여겼던 서양 사람들과 달리 동양 사람들은 이를 하나의 양분으로 보고 이용한 것이다. 배척하지 않고 수용했다는 점에서 동양 사람들의 자연친화적 성향을 엿볼 수 있다.

화장실과 관련한 단어는 어떻게 변화해왔을까? 배변을 보는 곳을 뜻하는 영어 단어로 토일렛(toilet)이 있다. 토일렛은 망토, 천을 뜻하는 중세 프랑스어 투알(toile)에서 비롯되었다. 투알에서 파생된 말로 투알레트(toilette)가 있는데, 이는 작은 천 조각을 가리킨다. 이 말이 옷 보자기나 화장대 덮개를 의미하다가 점차 화장대나 화장대에서 치장하는 행위를 표현하는 말로 변했다. 투알레트가 영어로 수용되면서 화장용 작은 방으로 시작해서 점차 수세식 변소를 가리키는 말인 토일렛이 되었다.

또 하나는 프리비(privy)다. 개인의 권리를 뜻하는 프라이버시(privacy)와 관련된 단어이며, 개인적인 공간, 은밀한 곳을 가리키는 말로 보통 옥외 화장실을 뜻한다.

프랑스의 대문호 빅토르 위고는 "인간의 역사는 곧 화장실의 역사다"라고 말했다. 그만큼 인류는 수천 년간 배설물과의 전쟁을 통해 화장실 문화를 발전시키면서 전염병을 몰아내고 평균수명도 늘려왔다. 곧 화장실의 역사는 인간의 역사와 맥을 함께한다고 볼 수 있다.

참고 자료

『말문을 열어 주는 이야기 창고』(홍영애 등 지음, 북라인) / 『단어로 읽는 5분 세계사』(장한업 지음, 글담) / 「화장실에서 건진 인류의 역사」(이기환 글, 《경향신문》, 2015.10.29) / 화장실의 역사(화장실문화시민연대) / 「로마와 신라의 화장실」(고두현 글, 《한국경제》, 2017.09.27) / 「수세식 화장실은 언제 발명됐을까?」(이소영 글, 《한겨레》, 2010.07.05) / 「신라시대에도 수세식 화장실이?」(대한민국 정책브리핑, 2017.11.10)

온 유럽을 춤추게 한 '빨간 구두' 전염병

안데르센의 『빨간 구두』는 춤을 멈추지 못하는 소녀의 이야기를 그린 잔혹 동화다. 빨간 구두를 신으면 춤을 춰야 한다는 마법 같은 이야기는 중세 유럽에서 수백 년 동안 일어났던 '춤 전염병'이 모티브가 되었다. 실제로 있었던 역사적 사실로, 오랫동안 지속된 것은 아니지만, 한두 달씩 또는 그보다 오래 춤추는 전염병이 창궐해 다른 마을로 퍼지기도 했다. 춤추는 전염병은 어떻게 생겨났을까? 그 이유를 알아보자.

그 전에 19세기 한스 크리스티안 안데르센(Hans Christian Andersen, 1805~1875)이 쓴 동화 『빨간 구두』의 줄거리를 간단히 짚어보자. 고아 소녀 카렌은 부유한 집에 양녀로 들어갔는데, 빨간 구두를 선물로 받는다. 교회에 갈 때는 빨간 구두를 신지 말라는 양어머니의 주의에도 아랑곳하지 않고 카렌은 빨간 구두를 신고 갔다. 어느 날 교회에서 낯선 할아버지가 다가와 카렌의 신발을 보고 "네가 춤출 때 발에 단단히 붙어 있어라"는 말을 남겼고, 그러자 갑자기 구두가 춤을 추기 시작했다. 카렌은 춤을 멈추지 못하다가 간신히 신발을 벗는 순간 춤이 멈출 수 있었다. 하루는 양어머니가 많이 아팠는데, 카렌은 무도장에 가서 춤을 추었다. 그런데 또 춤이 멈추지 않았다. 밤낮으로 춤을 춰야 했고 양어머니 장례식에도 가지 못했다. 춤이 멈추지 않자 카렌은 교도소 사형 집행인을 찾아가 두 발을 잘라달라고 부탁했다. 결국 카렌은 두 발을 잘라내고서야 춤을 멈출 수 있었다. 이 작품은 주인공의 욕망과 허영심이 빚

빨간 구두 전염병은 어떻게 생겨났을까?

어낸 죄로 춤추는 징벌을 받았지만 뒤늦게 죄를 뉘우치고 구원을 받게 된다는 이야기다.

그럼 동화의 모티브가 된 실제 이야기로 돌아가보자. 근대 의학이 발달하기 이전에 사람들은 질병이 신의 형벌이라고 믿었다. 게다가 이유를 알 수 없는 춤추는 전염병은 더욱 가혹한 신의 형벌로 인식했을 것이다. 중세 유럽에서 수백 년 동안 춤추는 전염병이 여러 차례 일어났다. 이 병에 걸리면 잠도 자지 않고 밥을 먹지도 않고 춤만 추었다. 심지어 춤추다가 죽는 사람들도 있었다. 유럽에서는 이런 증상을 댄싱 플라크(Dancing Plague)라고 불렀다. 이런 전염병이 시작된 시기는 3세기 또는 7세기라고도 하는데, 가장 크게 일어나 유럽을 강타한 시기는 13세기였다. 1278년에 독일의 한 마을에 춤추는 전염병이 나돌면서 수백 명이 다리 위에서 춤을 추다가 다리가 무너졌다. 다친 사람들은 치료를 위해 성 비투스 성당으로 옮겨졌는데 성당에서 치료를 받으면서도 계속 춤을 추었다고 한다. 이때 사람들은 춤 전염병을 치료해준 성 비투스 성당의 이름을 따서 '성 비투스의 저주'라고 불렀다.

이후 1374년 독일 아헨에서 다시 춤 전염병이 나돌았다. 여러 마을에서 수천 명이 넘는 사람이 거리를 따라 가며 쉬지 않고 춤을 추었다. 몇 달 동안 쉬지 않고 춤을 추다 보니 갈비뼈

화가 피터 브뤼헐의 작품 〈교회 순례 중 춤 전염병에 걸린 사람들〉을 1642년에 판화가 헨리쿠스 혼디우스가 판화로 제작

가 부서지고 심지어 심장마비로 죽는 사람도 있었다. 춤 전염병은 16세기에 또다시 크게 찾아왔다. 1518년 독일과 프랑스 접경 지역인 스트라스부르에서 시작되었다. 어느 날 갑자기 프라우 트로페아라는 여자가 거리에 나와 춤을 추었다. 하루 종일 춤을 추고 밤이 되자 지쳐 쓰러지고 말았다. 이튿날에도

트로페아는 거리에서 춤을 추었다. 사흘째 되는 날 많은 사람이 몰려 나와 그녀와 함께 춤을 추기 시작했다. 이런 집단 춤이 일주일 넘게 계속되자 지역 관리자들이 트로페아를 춤 전염병을 치료해주는 곳으로 유명한 성 비투스 성당으로 보냈다. 이 성당에서 트로페아는 춤 전염병을 치료할 수 있었다. 하지만 그녀에게 전염된 다른 사람들은 치유되지 못한 채 계속 춤을 추다가 죽기도 했다. 이때 성 비투스 성당에 보내져 치료를 받은 사람들을 다른 사람들과 구분하기 위해 손에는 작은 십자가를 쥐게 하고 빨간 신발을 신도록 했다. 안데르센의 동화 『빨간 구두』가 여기에서 시작된 것으로 보인다. 스트라스부르에서의 춤 전염병은 한 달 정도 지속되었다. 이 춤 전염병은 17세기까지 이어지다가 홀연히 사라졌다.

춤 전염병의 원인은 무엇이었을까? 당시 일반인들은 춤 전염병을 신의 저주로 보기도 했지만, 학자들은 연구한 끝에 욕망과 상상, 또는 신체적 발작 때문이라고 보았다. 한편으로는 곡물의 곰팡이 때문에 발작이 생겨났고, 그 발작 때문에 춤을 춘 것이라는 주장도 있었지만 충분한 설명이 되지 못했다. 춤 전염병의 발병 원인으로는 뇌염, 환각, 간질 등 여러 추측이 있다. 그중에서도 유력한 추측은 저조한 수확, 불안한 정치, 흑사병 등 여러 정치적, 사회적 문제가 집단 발작으로 이어졌다는 것이다.

춤 전염병은 독일에서 시작되어 프랑스, 룩셈부르크, 네덜란드, 이탈리아, 스위스 등지로까지 퍼져갔다. 사태가 심각해지자 각국은 이를 극복하기 위해 여러 방법을 시도했는데, 그중에 하나가 성 비투스 성당이 있는 곳으로 데려가 격리하는 것이었다. 그곳에서 치료를 받고 호전된 사람들도 있었다. 춤 전염병은 뚜렷한 치료제도 없었던 것으로 보인다. 17세기 이후 이 증상은 사라졌지만, 사회 현상으로 인한 집단 히스테리라기에는 왠지 석연찮아 보인다. 다만, 믿기 힘든 춤 전염병이 중세 유럽에 실제 있었다는 사실이 오늘날 코로나19와 같은 전염병을 겪고 있는 우리에게 무엇인가를 시사하고 있다는 사실이다. 이유 없이 춤 전염병이 생겨나지 않았듯 코로나19도 우리가 놓친 무엇인가로 인해 생겨난 것은 아닐까.

■ 참고 자료

「400명이 '감염'된 500년 전 춤바람」(《시사in》, 2019.08.29) / 「춤추는 병에 걸린 사람들」(《헤럴드경제》, 2015.01.06) / 빨간 구두, 위키백과 / 『세계사를 바꾼 전염병 13가지』(제니퍼 라이트 지음, 산처럼)

아이스크림의 모든 것

　우유, 달걀, 향료, 설탕 따위를 넣어 얼린 아이스크림은 예전엔 주로 여름철에 먹었지만 요즘엔 계절에 상관없이 즐기는 간식이 되었다. 부드럽고 달콤한 맛이 계절을 뛰어넘었다. 젤라토는 이탈리아를 대표하는 아이스크림이다. 아이스크림은 유럽에서 들어와 이탈리아나 프랑스에서 처음 만들어졌을 것 같지만 기원은 중국이다. 유럽에서 이를 수용해 오늘날과 같은 식품으로 만들어냈다. 그러면 사람들은 언제부터 얼음조각을 먹기 시작해서 아이스크림으로 발전시켜나갔을까?

　얼음을 이용한 시기는 고대였다. 기원전 2000년 무렵 메소

포타미아 지역에는 얼음 저장 창고가 있었고, 기원전 4세기 무렵 마케도니아의 알렉산드로스 왕(재위 B.C. 336~B.C. 323)은 동방원정을 하는 동안 구덩이를 파서 눈을 채워 넣게 하여 이를 이용했다고 한다. 고대 그리스와 로마 시대에도 인근의 산에서 눈과 얼음을 가져와 구덩이에 보관한 사례가 있다. 특히 로마의 5대 황제 네로(재위 54~68)는 얼음에 와인이나 꿀을 섞어 맛을 낸 음식을 즐겼다. 이 음식이 아이스크림과 유사한 형태였지만 우리가 알고 있는 아이스크림과는 조금 다르다. 아이스크림보다는 빙수나 셔벗 정도로 보인다.

그렇다면 아이스크림이 시작된 곳, 중국에서는 어떻게 아이스크림을 만들었을까? 중국 사람들은 일찍부터 얼음 창고를 만들었고, 얼음을 채취하고 저장하는 기관과 시설, 이를 관리하는 관직도 있었다. 당시 시장에는 이미 얼음 음료를 전문으로 파는 상인들이 있었다. 그 음료는 로마의 네로 황제가 즐겼던 것과 비슷했기에 우리가 알고 있는 아이스크림이라고 하기는 어렵다. 그렇다 하더라도 얼음이 귀한 시절에 시장에서 일반 백성도 얼음 음료를 사 먹을 수 있었다는 것은 대단한 일이다. 당시 얼음은 지배층의 전유물이었고 시장에서 팔리는 얼음값은 금값과 맞먹었다.

현대와 유사한 아이스크림은 당나라 때 황실에서 만들어졌다. 즉, 얼음과 우유를 사용한 아이스크림이었다. 만드는 방법을 보면, 먼저 염소의 젖을 발효시킨 뒤 곡물가루와 용뇌, 용안 등을 첨가한 뒤 이것을 금속관에 넣고 다시 얼음 구덩이에 넣어 얼려 먹었다. 가축의 젖에 열매를 넣어 오늘날 아이스크림과 가장 비슷한 맛을 낸 것이다. 여기서 용뇌는 용뇌수라는 나무의 줄기에서 덩어리로 나오는 투명한 결정체이고, 용안은 무환자나무 열매다. 이때 만들어진 아이스크림을 오늘날 아이스크림의 기원으로 본다.

중국은 아이스크림뿐만 아니라 얼음도 만들었다. 냉장고도 없는 8~9세기에 어떻게 얼음을 만들었을까? 중국에서는 비금속을 금으로 만드는 기술을 연단술(鍊丹術)이라고 하는데, 서양의 연금술(鍊金術)과 비슷하다. 연단술은 불로장생의 약으로 믿었던 단(丹)을 만드는 기술의 하나로, 도교 용어다. 연단술자들은 단약을 개발하는 과정에서 우연히 화약을 만들어냈다. 당시 사람들은 화약의 원료인 초석을 물에 넣으면 얼음이 만들어진다는 사실까지 알아냈다. 초석의 주성분은 질산칼륨으로, 이것은 오늘날 화약, 성냥, 불꽃 등의 화공 제품과 유리 청정제 등 다양한 용도로 사용되고 있다. 초석은 물의 열을 흡수해 물의 온도를 떨어뜨렸고 시간이 지나면서 얼음이 되었다. 이로써 아무 때나 얼음을 만들 수 있게 된 것이다.

그렇다면 젤라토와 같은 모양의 아이스크림은 언제 만들어졌을까? 아이스크림의 발전은 16세기 유럽으로 넘어간다. 유럽에서는 중국에서 받아들인 초석으로 제빙 기술을 발달시켰다. 특히 이탈리아의 얼음 음료 제조 기술은 독보적이었다. 얼음에 레몬, 딸기, 초콜릿 등을 섞어 맛을 더했으며 우유를 넣기도 했다. 이것이 이탈리아 아이스크림 젤라토의 원형이었다. 유럽에서는 오래전부터 우유와 설탕 등을 넣어서 만든 크림을 발전시켜왔다. 이 크림을 변형하여 아이스크림으로 만든 것이다. 이탈리아가 열심히 아이스크림을 개발했다면 이를 세계적 음식으로 확대한 나라는 프랑스였다. 이는 프랑스에서 카페 문화가 발전했기 때문이다. 특히 17세기 파리에서 창업한 '르 프로코프'라는 카페가 유명하다. 당대 유명한 정치가와 문학가들이 커피와 아이스크림을 먹으려고 이 카페를 방문했다. 단골 손님으로 나폴레옹, 볼테르, 빅토르 위고, 발자크 등이 있었다. 카페가 유명해지자 더 많은 사람이 몰려들었고 아울러 아이스크림도 널리 퍼져나갔다.

우리나라에서는 언제부터 얼음을 먹었을까? 기록을 보면 부여 때 얼음을 이용해 장사를 지냈다는 내용이 있다. 시체가 부패하지 않도록 일부 지배층 장례 때 사용된 것으로 보인다. 삼국시대 신라에서도 얼음 창고를 만들어 이를 관리하는 관리

와 관청을 두었으며, 이는 고려시대까지 이어졌다. 조선시대에
와서는 한양에 서빙고와 동빙고를 설치해 얼음을 보관했다. 동
빙고의 얼음은 왕실 제사 때 사용했고, 서빙고의 얼음은 왕실과
고급 관리들에게 나누어주었다. 창덕궁 안에는 내빙고를 두고
궁궐에 얼음을 제공했다. 얼음은 주로 한강이 어는 겨울에 채취
해 여름까지 사용했다.

오늘날 우리가 맛볼 수 있는 아이스크림은 동서양의 합작품
이다. 중국에서 얼음 만드는 기술인 초석 사용법을 찾아냈고
유럽으로 전해져 얼린 크림이 발전하면서 부드러운 아이스크
림이 탄생할 수 있었다. 기원은 중국에서 시작되었으나 그것

이탈리아의 젤라토 아이스크림

을 수용해 발전시킨 것은 유럽의 요리사들이었다. 그래서 우리는 맛있는 아이스크림을 누구나 먹을 수 있게 되었다.

참고 자료

『아이스크림의 지구사』(로라 B. 왕이즈 지음, 휴머니스트) / 「12세기 동양의 여름은 얼음과 빙수 천국」(《매일경제》, 2015.08.07) / 「화약과 아이스크림」(《한겨레》, 2015.07.26) / 「중국 고대인들도 아이스크림을 먹었을까? 아이스크림의 기원을 찾아서」(《인민망 한국어판》, 2018.01.19)

조선판 배달의 민족

　21세기에 인터넷이 발달하면서 인터넷 쇼핑이 붐을 이루었다. 집에서 쇼핑을 하고 배달로 물건을 받을 수 있게 된 것이다. 음식도 전화 주문이나 인터넷 쇼핑을 통해 사 먹을 수 있다. 스마트폰의 발달은 음식 배달 서비스를 더욱 가속화하고 있다. 배달 애플리케이션에서 먹고 싶은 음식을 직접 보고 골라 결제하면 얼마 지나지 않아 내 눈앞에 음식이 놓여 있다. 퀵서비스라는 오토바이의 빠른 배달 시스템이 작동하기 때문에 가능한 일이다.

　음식 배달 서비스가 현대사회의 전유물은 아니다. 아날로그

오늘날 쇼핑몰에서 판매, 배달되는 냉동 효종갱과 그것을 가열한 효종갱

적이지만 과거에도 있었다. 우리나라 최초의 배달 음식은 조선시대 효종갱이었다.

조선 말 문신이자 서예가 최영년(1856~1935)이 저술한『해동죽지(海東竹枝)』에는 "광주 성내 사람들은 효종갱을 잘 끓인다. 배추속대, 콩나물, 송이, 표고, 소갈비, 해삼, 전복에 토장을 풀어 온종일 푹 곤다. 밤에 이 국 항아리를 솜이불에 싸서 서울로 보내면 새벽 종이 울릴 무렵 재상의 집에 도착한다. 그때까지 국 항아리가 따뜻하고 해장에 더없이 좋다"는 기록이 있다. 효종갱은 일종의 해장국으로 배추속대 등 채소와 소갈비 등 육류와 전복 등 해산물을 함께 넣은 국물에 토장을 풀어서 만든 음식이다. 여기서 토장은 된장을 가리킨다. 효종갱(曉鐘羹)은 새벽 종이 울릴 때 먹는 국이란 뜻이다. 경기도 광주에서 밤새 끓인 효종갱을 항아리에 담아 식지 않도록 솜이불에 싸서 서울로 가져가면 통행금지 해제를 알리는 새벽 종이 울릴 때쯤 사대문 안 재상 집에 배달되었다. 비싼 재료를 사용한 효종갱은 양반들만 맛볼 수 있는 음식이었고, 주문은 대개 집안 노비들이 직접 달려가서 하거나 미리 하루 전에 예약해놓았다. 잔치나 술자리 등이 잡혀 있을 경우 과음할 것에 대비해 미리 효종갱 배달을 주문해놓고, 과음한 다음 날 효종갱으로 해장했다.

『해동죽지(海東竹枝)』에 따르면, 배달 시간이 경기도 광주에서 서울 사대문 안까지 보통 4시간이 걸렸다. 말을 타고 달린 것이 아니라 이른 새벽부터 이고 지고 뛰어서 배달한 것이다. 배달원의 체력과 의지가 대단해 보인다. 여기서 또 하나 빛이 발하는 것이 있다. 바로 우리나라 전통 그릇인 옹기의 온도 유지 능력이다. 아무리 솜이불로 에워싸도 오랜 배달 시간 동안 먹을 수 있을 만큼 온도가 유지되었다는 것은 옹기 만드는 기술이 뛰어났기에 가능해 보인다.

효종갱은 정말 숙취에 좋은 음식이었을까? 숙취 해소에 탁월한 콩나물과 섬유질이 풍부한 배추속대, 타우린이 풍부한 전복, 해삼, 항암작용이 뛰어난 송이와 표고버섯 등을 사용해 국물을 내고 여기에 주재료인 소갈비를 넣어 탕을 끓이고 된 장을 풀어 느끼한 맛과 냄새를 제거했다. 이때 소갈비의 단백 질과 된장의 아미노산이 결합해 영양학적으로도 매우 우수한 해장국이었다. 오늘날처럼 음식 과학이 발달하지 않았을 때였 지만, 숙취 해소뿐 아니라 영양학적으로 손색이 없는 해장국 임에는 틀림이 없다. 해장국이자 보양식으로도 좋은 음식이라 서 효종갱은 뇌물로도 전달되었다는 이야기가 있을 정도로 권 문세가 양반들에게 인기가 많았다.

우리나라 최초의 배달 음식인 효종갱. 이는 조선시대 양반 들만 먹을 수 있는 귀한 해장국이자 보양식이었다. 당시에는 배달 문화도 지배층만 독점할 수 있었다. 재료가 비싼 귀한 음 식이었고, 배달 음식이 희소해 특권층만 누릴 수 있었다. 하지 만 지금은 배달의 평등화가 이루어졌다. 누구나 음식을 배달 시켜 먹을 수 있게 된 것이다. 오늘날 효종갱은 음식점뿐 아니 라 쇼핑몰에서도 팔고 있다.

참고 자료

『우리도 몰랐던 우리 문화』(강준만 외 지음, 인물과사상사) / 「양반들의 해장국 '효종갱'」 (예종석 칼럼, 《한겨레》, 2011.05.01) / 「광주시, 남한산성 전승음식 '효종갱' 시식 행사」 (《경기일보》, 2016.10.20)

복수심 때문에
생긴 음식이 있다

개성의 대표 음식인 조롱이떡국과 성계탕은 복수심 때문에
만들어졌다. '개성'과 '성계탕'에서 고려 멸망과 조선 건국에
얽힌 역사적 배경을 유추할 수 있다. 이성계(1335~1408)의 조
선 건국에 반대한 고려 백성들의 원망과 복수심이 담긴 음식
이다.

복수심이 담긴 음식의 유래를 알아보기 전에 먼저 시대적
배경을 알아보자. 우리 역사를 보면 여러 번 왕조 멸망이 있었
다. 한 왕조가 멸망해도 왕족은 귀족 대우를 받고 영위를 이
어가기도 했다. 고구려의 고씨, 백제의 부여씨, 발해의 대씨는

중국으로 갔거나 성을 바꿔 보이지 않지만, 가야의 김해 김씨, 신라의 경주 김씨, 조선의 전주 이씨 등은 오늘날까지 많이 남아 있다. 유독 고려의 왕씨 성만 소수 성씨로 남아 있다. 그 까닭은 무엇일까? 전쟁을 통한 멸망과 내부 혁명으로 인한 멸망의 차이로 보인다. 조선은 고려 관리들이 혁명을 일으켜 세운 나라다. 따라서 반대 세력을 제거해야 했고 이 과정에서 왕족과 충신 세력을 대대적으로 학살할 수밖에 없었다. 이러한 학살 과정을 거치면서 고려의 왕족 '왕씨'들은 소수 성씨로 남게 된 것이다.

조선을 건국한 이성계는 고려 말 중국의 홍건적과 일본 왜구의 침략을 물리친 영웅이었다. 그가 정도전(1342~1398) 등 신진 사대부 중 급진 세력과 함께 고려를 무너뜨리고 조선을 세워 1대 태조로 왕위에 올랐다. 문제는 새 왕조 개창을 오랫동안 준비했건만 계획대로 왕위 선양이 이루어지지 못했다는 것이다. 당시 혁명 세력은 공민왕의 정비 안씨를 압박해 공양왕(재위 1389~1392)을 폐위하고 이성계를 옹위한다는 교지를 받아내 겨우 고려 멸망 조선 건국이라는 교두보를 마련했다.

조선 개창에 대한 명분이 부족하다 보니 왕족과 이들을 따르는 세력들의 공격이 두려웠을 것이다. 이때부터 대대적인 왕씨 제거 정책이 시작되었다. 공양왕 일가는 살해되었고, 그

외 왕씨 일족은 강화도와 거제도 등으로 유배를 보냈다가 이동 중에 바다에 빠뜨려 익사시켰다. 고려시대에는 태조 왕건의 사성 정책으로 왕씨 성을 가진 귀족이 많았다. 다른 성이었으나 공로가 인정되면 왕씨 성을 하사받은 것이다. 이들에 대한 대대적인 탄압은 전국적으로 이루어져 왕씨 성을 가진 자를 찾아내어 목을 베었다. 이때 많은 왕씨가 어머니 성으로 바꾸거나 원래 성으로 돌아갔다. 또 왕(王) 자를 약간 변형해 전(全), 전(田), 옥(玉), 차(車), 신(申) 등의 성으로 바꿔 살아남기도 했다. 고려 왕족 왕씨에 대한 탄압은 태종 때 수그러들었고, 문종 때 가서야 완전히 중지되었다.

왕씨 성 제거 정책 외에 고려의 저항 세력에 대한 탄압 정책은 두문동 72인 사건을 일으켰다. 이성계가 조선을 세우자 고려 충신들 일부는 경기도 개풍군 광덕산 서쪽 기슭에 자리한 두문동으로 들어가 살았다. 이성계는 이들에게 새 나라를 위해 힘써달라고 부탁했지만 이들은 한 하늘 아래 두 임금을 섬길 수 없다며 거부하고 동네 밖으로 나오지 않았다. 부탁을 계속 거부당하자 이성계는 두문동 주위에 원을 그리듯 짚을 쌓고 불을 질렀다. 이리하면 살기 위해 뛰쳐나올 것이라고 생각했지만 예상은 빗나갔다. 이들은 고스란히 타 죽는 길을 택했다. 이 이야기도 일반 백성들 사이에서 전해 내려오다가 18세기 정조(재위 1776~1800) 때 와서 72인의 충절을 기리며 성균관에 표절사를 세우게 되면서 널리 알려졌다.

이제 음식 이야기로 돌아가보자. 왕씨 일족과 충신들에 대한 대대적인 숙청 작업 이후 남겨진 사람들이 있었다. 왕씨의 외가 사람들 또는 충신들의 아내와 가족이었다. 복수조차 꿈꿀 수 없는 나약한 아내들이 할 수 있는 일은 없었다. 그런데 이들 중 한 부인이 가래떡을 썰다가 이성계에 대한 원망이 가득 차서 떡을 비틀어버렸다. 이 모양이 가운데가 잘록한 조롱박과 비슷하다고 해서 조롱이떡이라고 불렀다. 그래서 개성 사람들은 설날이면 이성계에 대한 반감과 고려에 대한 신심으로 조선을 비틀어버리고 싶다는 염원을 담아 조롱이떡국을 끓여 먹었다. 본래 떡국에 넣는 가래떡은 사선으로 길게 어슷썬 모양이지만, 개성에서는 눈사람 모양처럼 대나무칼로 흰떡을 둥글게 다듬은 조롱이떡으로 떡국을 만들어 먹었다. 언제부터 이 떡국을 먹었는지는 기록에 없지만, 개성만의 특징이 후대로 오면서 왕조를 잃은 슬픔과 분노를 담아 이와 같은 야사가 전해진 듯 보인다.

조롱이떡국과 비슷한 음식이 또 하나 있다. 바로 성계탕이다. 성계탕은 개성과 이북 지방에서 유행하던 국 요리로, 돼지국밥과 비슷하지만 밥 대신 고기가 좀 더 많다. 이름부터 이성

계에 대한 복수심 때문에 만들어진 음식임을 알 수 있다. 이성
계가 출생한 1335년(을해년)이 돼지띠 해였기 때문에 개성 지
방에서는 돼지를 성계, 돼지고기 수육을 성계육이라고 불렀
다. 이성계를 향한 분풀이와 조롱을 성계육과 성계탕에 담아
낸 것이다. 당시에는 음식을 보관하는 기술이 뛰어나지 않아
서 수육과 같은 성계육보다는 국으로 끓이는 성계탕이 훨씬
편리했다. 나라를 향한 울분과 편리성 때문에 돼지고기로 국

조롱이떡국과 성계탕

을 끓인 성계탕이 유행할 수 있었다.

부패한 고려를 멸망시키고 새로운 왕조를 개창한 이성계가 조선의 역사에서는 영웅일 수 있지만, 한편으로 나라를 잃고 가족과 이웃마저 빼앗긴 채 살아야 하는 사람들에게는 분노의 대상이었다. 복수조차 꿈꿀 수 없었던 사람들은 슬픔과 원망, 분노를 음식으로나마 풀어내야 했다. 단지 민간에 전해오는 이야기지만 당시 민중의 마음이 어떠했을지 짐작해볼 수 있다.

참고 자료

『알아두면 잘난 척하기 딱 좋은 우리 역사 문화 사전』(민병덕 지음, 노마드) / 조롱이떡국, 한국민속대백과사전 / 「조롱이떡국 유래와 뜻, 성계탕과 닮았네…… 다른 뜻은 새해 아침 안녕 기원」(《이투데이》, 2014.06.03) / 『이야기 한국역사6』(이야기 한국역사 편집위원회 지음, 풀빛) / 『한권으로 읽는 고려왕조실록』(박영규 지음, 들녘) / 왕씨 몰살, 나무위키 / 성계육, 나무위키

제사상에 대해
잘 알려지지 않은 이야기

현대에 와서 제사나 차례, 명절 음식을 여성들이 도맡아 하면서 그로 인한 스트레스가 사회문제가 되고 있다. 음식 준비는 여성들만 하는 것으로 인식되어왔고, 이를 전통이라 여겨 당연시한 사회 풍토도 스트레스의 한 축이었다. 그런데 유교국가인 조선에서는 제사 음식을 남자들이 만들었다. 당시에는 궁궐과 양반 집안에서 제사를 지냈고 평민들은 거의 제사를 지내지 않았다. 지금처럼 제사나 차례가 보편화되지 않았던 것이다. 전통인 줄 알았던 제사가 정작 조선시대에는 보편적이지 않았다니, 그 까닭을 알아보자.

제사상 차림

　우선 조선의 궁궐을 살펴보자. 궁궐에서 음식을 전담하는 곳이 수라간이다. 왕, 왕비, 세자, 공주 등이 거처하는 곳마다 수라간이 있어 매 끼니를 준비했다. 역사 드라마를 보면 수라간에서 일하는 이는 대부분 여성이었으나 실제 요리사들은 남자였다. 궁중의 전문 요리사는 숙수, 반감 등으로 불렸는데, 이들은 대개 기술직으로 중인 계층에 속했다. 하지만 천민이었으나 능력을 인정받아 평민, 중인으로 올라간 경우도 있고, 숙수까지 올라갔으나 천민 신분으로 남는 등 계층은 다양했다. 이들은 사옹원이라는 관청에 소속된 직장인으로 매일 출퇴근했는데, 사옹원은 왕 등의 수라와 궁궐의 음식 공급을 관장하던 관청이다.

숙수와 반감 밑에는 음식의 각 분야를 담당하는 각색장이 있었다. 각색장에는 물 끓이는 탕수색, 생선 굽는 적색, 고기 굽는 자색, 술 만드는 주색, 차 끓이는 다색, 음식 찌는 증색, 밥상 차리는 삼배색, 불 밝히는 등촉색, 밥 짓는 반공, 두부 만드는 포장, 떡 만드는 병공, 그릇 관리하는 성상, 물 긷는 수공 등이 있었다. 이들은 대개 노비였으며, 숙수와 반감처럼 대부분 남자였다. 즉, 조선시대 궁중에서 음식을 담당하던 전문 요리사들은 대부분 남자였던 것이다.

세종(재위 1418~1450) 때인 1423년 대전 수라간에서 일하는 사람이 총 388명이었는데, 남자가 376명, 여자가 12명이었다. 이들 중 사옹원 소속 노비는 120명 정도였고 남자가 압도적으로 많았다. 우리가 알고 있는 상식을 깨는 결과다. 왜 남자 요리사가 많았을까? 궁중 요리사들은 왕의 식사뿐 아니라 궁중 제사나 연회에 쓰이는 음식도 준비했기 때문이다. 이런 음식들을 장만하는 것이 매우 힘들었기에 여자보다 남자가 많았다. 남자 요리사가 음식 재료를 다듬고 만들어놓으면 상궁과 나인들이 상을 차리고 나르는 일을 했다.

궁궐 안은 특수한 경우라고 생각할 수 있지만, 궁궐 밖 일반 양반가에서도 남자들이 제사 음식을 준비했다. 양반가에서도 제수 준비부터 상차림까지 남자들이 도맡았다. 당시 제사는 권력자가 누리는 권위이자 권한이라는 인식이 강했기 때문이다. 그래서 고려 말 정몽주가 품계에 따라 제사의 범위를 한정했고, 조선 세조 때는 『경국대전』에 제사의 범위를 법으로 규정했다. 즉, 관직의 높고 낮음에 따라 제사 지낼 수 있는 범위를 한정한 것이다.

『경국대전』에 따르면 3품 이상은 고조부모(4대)까지 제사를 드릴 수 있었고, 6품 이상은 증조부모(3대)까지, 7품 이하 선비는 조부모(2대)까지, 일반 양인은 부모 제사만 지낼 수 있었다. 일반 백성은 할아버지 할머니 제사를 드리고 싶어도 할 수 없었던 것이다.

그렇다면 유교적인 가치관을 지닌 양반들이 직접 앞치마를 두르고 제사 음식을 장만했을까? 평소 식사나 잔치 등은 안주인이 노비들을 부리며 맡아서 했지만 제사나 차례는 집안 남자들이 준비했다. 그런데 이때의 제사상을 오늘날 기준으로 생각하면 안 된다. 이 시기 제사와 차례 준비는 훨씬 간소했다.

성리학의 예법을 담은 『주자가례』에도 제사 음식으로 제철 과일을 사용하라고 했을 뿐, 차례상을 차리는 규율은 따로 없었다. 그래서 제사상이 집집마다 너무 달라 율곡 이이(1536~1584)는 저서 『격몽요결』에 표준 상차림 법을 그림으로 그려 넣었다. 유학의 아버지 공자도 제사 음식에는 살아생전 부모님께 올리던 밥상을 그대로 올리면 된다고 했다. 조선 후기 성리학자 윤증(1629~1714)은 당시 노론의 영수였던 송시열의 제자였다. 그는 "제사를 간소하게 하라. 사치스러운 유밀과(약과)와 기름을 쓰는 전을 올리지 말라"는 유언을 남겼다. 윤증의 후손들은 지금도 제사상에 전을 올리지 않는다.

제사가 돌아가신 날 조상을 기리는 의례라면 차례는 설과 추석 아침에 지내는 제사로, 차를 떠놓고 지내는 의식이다. 그만큼 제사보다 가볍다. 윤증 후손들은 차례상에 포 하나와 3가지 과일로 밤·대추·배, 백설기, 물김치, 차만 올린다. 우리가 잘 아는 성리학자 이황(1501~1570) 집안은 추석 차례를 지내지 않는다. 조선시대에는 우리가 알고 있는 상다리 휘어지는 제사상이 아니었다. 대부분 밤, 대추, 배 등을 올려놓는 것이었기에 남자들도 얼마든지 준비할 수 있었다.

그럼 간소했던 제사 음식이 언제부터 화려해졌을까? 1894년 갑오개혁으로 신분제가 철폐되면서 제사에 대한 규제가 없어지고 누구나 제사를 지낼 수 있게 되면서부터였다. 3품 이상의 고위 양반들만 지낼 수 있었던 4대까지의 제사를 누구나 지낼 수 있게 되면서 부유한 사람들이 경쟁하듯 화려하고 복잡한 음식으로 제사상을 차렸다. 제사상 경쟁이 불붙어 허례

허식으로 변질된 것이다.

급기야 정부에서는 가정의례준칙을 마련해 2대조까지만 제사를 지내도록 하고 제사 음식도 간소화하도록 권유했으나 잘 지켜지지 않았고, 가정마다 고유한 방식대로 제사를 지냈다. 특히 오늘날의 상다리 휘어지는 명절 차례상은 1970년대 이후 대중 매체에서 소개해 표준화되었다. 이 차례상은 조선시대에 4대조까지 제사를 지낼 수 있었던 권문세가의 차례상을 모델로 삼았다. 즉, 조선시대 상위 1퍼센트 집안의 차례상이 오늘날 차례상의 표준이 된 것이다.

유교 국가이자 엄격한 가부장제 사회였던 조선시대에도 요리를 즐겨 먹고 만들기까지 했던 남자들이 있었다. 특히 조선후기 실학자들 중에는 맛있는 음식을 즐겼고 직접 만들기까지 한 이들도 있었다. 박지원, 박제가, 정약용 등이 대표적이다. 박지원은 손수 고추장을 담그고 음식을 만들어 친구들에게 대접했다고 한다. 정약용도 장을 담그고 연포탕 등 음식을 만들기도 했으며 레시피까지 작성했다고 하니, 이들의 요리 사랑을 짐작할 수 있다.

또한 조선시대에 쓰인 요리책 중에는 남자가 저술한 것이 꽤 있다. 대표적 인물로 『홍길동전』을 쓴 허균(1569~1618)이 있다. 그는 맛있는 음식을 즐기면서 『도문대작』이란 요리책을 지었다. 이는 전국 각지의 맛있는 음식들을 지도로 정리한 맛 지도다. 또 『수운잡방』은 16세기에 안동의 유학자 김유(1481~1552)가 쓴 요리책으로 양반들에게 걸맞는 여러 조리법을 소개했다. 이렇듯 조선시대지만 사상에 묶이지 않고 좋아하는 것을 하는 남자들도 있었음을 알 수 있다.

참고 자료

「옛날 제사 음식은 전부 남자가 만들었다고?」(공감 공식 블로그) / 「"전통대로라면 명절 음식 남자가 만들어야"」(『오마이뉴스』, 2014.08.27) / 「제사와 차례는 다르다? 차례와 제사의 유래와 차이점 알아보기」(대한민국 행정안전부 블로그, 2019.09.10) / 「수라간의 비밀, 조선의 남자 요리사들」(이숙인 글, 월간 문화재 사랑) / 「종가 차례상은 얼마나 화려할까?」(KBS NEWS, 2019.09.12) / 『조선직업실록』(정명섭 지음, 북로드) / 『요리하는 조선 남자』(이한 지음, 청아출판사)

웅녀가 먹은 건
마늘이 아니다

단군신화는 고조선의 건국 과정을 보여준다. 대부분의 개국 신화와 마찬가지로 단군신화에도 단군왕검의 신이한 탄생 설화가 등장한다. 단군왕검은 하늘에서 내려온 신과 사람으로 변한 곰 사이에서 태어난 반신반인이었다. 부계는 신이고, 모계가 곰인 셈이다. 이것은 사실이라기보다 상징적인 표현으로, 단군신화에 많이 담겨 있다. 그중 하나가 단군왕검의 어머니인 웅녀다. 웅녀는 원래 곰이었으나 쑥과 마늘을 먹고 사람이 되어 단군왕검을 낳았다. 단군신화에 담긴 상징성을 모티브로 하여 어떤 이야기가 숨어 있는지 알아보자.

단군신화가 기록으로 처음 실린 것은 고려 말 승려 일연(1206~1289)이 쓴 『삼국유사』다. 또 고려 말 문신 이승휴(1224~1300)가 쓴 『제왕운기』에도 실려 있다. 둘 다 고려 25대 왕 충렬왕(재위 1274~1308) 시기에 쓰였으나, 『삼국유사』는 출간 시기가 알려져 있지 않아 1281~1283년에 쓴 것으로 추정되며, 『제왕운기』는 1287년에 출간되었다. 우리가 알고 있는 내용은 대부분 『삼국유사』의 기록으로, 『제왕운기』와는 약간의 차이가 있다. 『삼국유사』 기이편 고조선조의 기록을 바탕으로 단군신화를 살펴보자.

"옛날에 환인과 그의 아들 환웅이 있었는데, 아버지가 삼위태백(三危太伯)을 내려다보니 가히 널리 인간을 이롭게 할 만하므로 천부인(天符印) 세 개를 주어 그곳을 다스리도록 했다"는 내용에는 고조선 개국을 추진하려는 두 인물과 개국 이념, 위치가 나와 있다. 하늘의 신인 환인은 아들 환웅이 인간 세상에 관심이 있음을 알고 태백산 주위가 적당해 보여 그곳에 가서 홍익인간(弘益人間, 널리 인간을 이롭게 함)을 지배이념으로 삼아 나라를 다스리도록 했다. 여기서 삼위태백은 나라를 세울 장소를 가리킨다. 태백산(太白山)의 세 봉우리를 뜻하기도 하지만, 그 외 여러 해석이 있다. 태백산이 백두산, 묘향산 등이라는 주장이 있으나 보통 큰 산을 의미한다고 볼 때 백두산에 더 가깝다.

또 아들에게 천부인 세 개를 준 것은 통치자로서의 자격을 보여주는 징표다. 이는 학자에 따라 약간의 차이는 있으나 보통 청동거울과 청동검, 청동방울을 뜻한다. 거울은 집단 통치권, 검은 군사 통솔권, 방울은 제사 때 신을 불러내는 소리를 의미한다. 청동거울과 청동검은 정치적 지도자, 청동방울은 제사장과 관련이 있음을 알 수 있다.

"환웅은 무리 3천을 이끌고 태백산 꼭대기의 신령스러운 박달나무 아래에 내려가 풍백(風伯), 우사(雨師), 운사(雲師)를 거느리고 곡식, 생명, 형벌 등 인간에게 필요한 360여 가지를 주관하며 사람들을 다스렸다"는 내용은 환웅이 나라를 세우기 위해 많은 사람을 이끌고 태백산 꼭대기에 정착하는 과정을 보여준다. 태백산 꼭대기를 신시(神市)라 하고 이곳에서 나라의 터를 잡아 정착했다. 풍백, 우사, 운사는 각각 바람의 신, 비의 신, 구름의 신을 뜻하는 상징적인 표현으로, 농사에 대해 잘 아는 전문가를 가리키며, 동시에 이들은 백성들을 지배하는 관리이기도 했다.

"그때 곰과 호랑이가 같은 굴에 살면서 환웅에게 사람이 되게 해달라고 빌었다. 환웅은 신령한 쑥 한 자루와 마늘 20개를 주면서 '너희가 이것을 먹고 햇빛을 100일간 보지 않으면 사람이 될 것이다'라고 했다. 곰은 삼칠일(21일) 동안 금기를 잘 지켜 여자의 몸을 얻었으나, 호랑이는 이를 지키지 못하고 동굴을 뛰쳐나갔다"는 내용은 단군왕검의 어머니가 누구인지 알려주는 상징적인 표현이다. 또 부족 간 연합 과정을 보여주기도 한다. 여기에는 신석기시대부터 있었던 부족의 토템 신앙이 담겨 있다. 곰을 숭배하는 부족과 호랑이를 숭배하는 부족이 어울려 살고 있다가 하늘의 자손임을 내세우며 강력한 힘을 가진 환웅 부족이 나타나자, 서로 환웅 부족과 연합하기를 원한 것이다. 서로의 조건이 맞아 곰 부족은 환웅 부족과 연합했으나, 호랑이 부족은 조건이 맞지 않아 연합하지 못한 것으로 보인다.

한편으로 쑥과 마늘을 먹게 한 과정은 일종의 통과의례로 보기도 한다. 아프리카 부족들이 성인식을 치르며 고통을 감내하는 과정과 유사하다. 즉, 곰이 인간이 되는 과정은 시련을 통한 성숙의 과정이고, 이 과정을 통해 단군왕검 모계의 신성한 혈통을 확보한다는 의미도 있다. 환웅이라는 신의 아들로서 단군왕검의 부계 쪽 정당성이 확보되었듯, 모계 쪽 정당성을 확보하기 위한 이야기인 것이다.

여기서 한 가지 짚고 넘어갈 것이 있다. '마늘'이다. 고조선시대에 한반도에는 마늘이 없었다. 한반도에 마늘이 최초로

도입된 시기와 경로는 명확히 알 수 없으나, 적어도 통일신라 이후에 들어왔다고 알려져 있다. 동아시아에 마늘이 처음 들어온 시기도 기원전 2세기 무렵으로 추정된다. 고조선은 기원전 2333년에 세워졌고, 기원전 108년에 멸망했으므로 고조선 건국 시기와 맞지 않는다.

그렇다면 곰이 먹은 것은 무엇일까? 『삼국유사』에 마늘로 표현된 한자는 산(蒜)이다. 산은 마늘뿐만 아니라 달래, 파, 부추 등 먹으면 입이 아린 음식을 아우르는 표현이다. 그런데 처음 마늘로 번역된 것이 지금까지 전해져온 것이다. 산(蒜)은

마늘(왼쪽 위), 달래(아래), 무릇(오른쪽)

마늘 산 또는 달래 산이라고도 한다. 달래는 한반도에서 흔한 나물이었으며 모양새가 마늘과 흡사해 웅녀가 먹은 것이 마늘이 아니라 달래라는 주장도 있다. 하지만 달래는 매운맛이 강하지 않기 때문에 아니라는 주장도 있다.

웅녀가 먹은 것은 더 맵고 아린 맛이 강해 생으로 먹기 어려워야 했기에 '무릇'이라는 주장도 있다. 무릇은 백합과 구황식물 중 하나이며 식용 또는 구충제로 사용한다. 결국 산이 어떤 것인지는 확실하지 않다. 분명한 것은 웅녀가 먹은 것은 마늘이 아니라 달래나 무릇, 그 외 다른 것일 수 있다는 점이다.

"여인이 된 곰은 결혼할 대상이 없으므로 늘 신단수(神壇樹) 아래에 와서 아이를 낳게 해달라고 빌었다. 이를 본 환웅이 잠시 인간으로 변해 그와 결혼하여 아이를 낳았는데, 이름을 단군왕검(檀君王儉)이라고 했다. 단군왕검은 평양성에 도읍을 정하고 국호를 조선이라고 했다"는 내용에는 단군왕검의 탄생과 고조선 개국이 나타나 있다. 단군왕검은 환웅과 웅녀 사이에서 태어났다. 단군(檀君)은 제사장, 왕검(王儉)은 정치적 지배자를 의미하므로 고조선이 종교와 정치를 한 사람이 지배하는 제정일치 사회임을 알 수 있다. 단군왕검은 하늘의 신인 아버지 환웅의 도움을 받아 평양성에 고조선을 세울 수 있었다.

반면 『제왕운기』에 나타난 단군신화는 혈통에서 『삼국유사』와 다르다. 여기서는 웅녀가 나오지 않는다. 환인과 환웅은 같지만 환웅이 손녀에게 약을 먹여 사람이 되게 한 후 단수신(檀樹神)과 결혼하게 하여 그 사이에서 태어난 아기가 단군왕검이다. 즉, 단군왕검의 모계가 하늘의 자손 부족이 된다. 게다가 『삼국유사』에서는 환인-환웅-단군왕검으로 이어지는 3대 부계를 이룬 반면, 『제왕운기』에서는 환인-환웅-아들(?)-딸(손녀)-단군왕검의 5대가 어머니쪽으로 세대가 이어진 혈통을 이루었다. 이런 차이를 놓고 볼 때 고려 말 단군신화가 쓰일 때까지 전승되면서 여러 이야기가 가미되었다는 것을 알 수 있다.

신화는 단순한 상징성을 넘어 역사적 사실을 담고 있다. 고조선이 하늘의 자손임을 내세우는 환웅 부족과 곰을 숭배하는 곰 부족 간의 연합으로 탄생했다는 것을 알 수 있다. 환웅 부족은 농경사회에서 필요한 여러 선진 기술을 가지고 토착 세력인 곰 부족을 지도해가면서 복종하게 했다. 또 곰이 사람으로 변하는 과정에서 먹었던 것은 마늘이 아니었다. 그러나 중요한 것은 어떤 음식을 먹고 100일 동안 인내했는가가 아니라 그걸 먹고 견뎌 끝내 인간이 되었다는 사실이다. 또 왜 그래야만 했는지가 중요하다. 그 이유는 최고 통치자의 모계 쪽 혈통의 정당성을 강조하기 위한 신화적 장치였다는 점이다. 이런 단군신화의 내막을 알아야만 당시대의 역사적 상황을 이해할 수 있다.

참고 자료

『재밌어서 끝까지 읽는 한중일 동물 오디세이』(박승규 지음, 은행나무) / 「단군신화 속 웅녀가 먹은 것은 마늘이 아니다?」(《중앙일보》, 2017.10.08) / 단군신화, 한국민족문화대백과 / 단군신화, 한국현대문학대사전 / 「고조선의 건국신화에 나타난 역사상」(우리역사넷, 국사편찬위원회)

시대를 앞서간 조선의
결혼 출산 정책

통계청은 2020년 우리나라 합계출산율이 0.92명이라고 발표했다. 오늘날 급격한 인구 감소로 중앙정부와 각 지자체에서는 결혼과 출산을 장려하고자 다양한 정책을 내놓고 있다. 인구 감소의 배경은 결혼과 출산이 필수가 아닌 선택 사항이 되었기 때문이다. 이런 정책이 과거에도 있었다. 조선시대에도 결혼과 출산 문제를 해결하기 위해 정부가 여러 방책을 내놓았다. 전근대사회에서 결혼과 출산이 중시된 이유는 무엇일까? 나라 입장에서는 노동력을 확보해야 했고, 가문 입장에서는 대를 이을 자식이 필요했기 때문이다. 그래서 조선시대에 결혼은 생존과 직결된 문제였기에 나라에서 관심이 많았다.

오늘날 젊은이들은 경제적 부담으로 결혼과 출산을 포기하는 경우가 늘고 있는데, 조선시대 젊은이들은 어떠했을까? 부유한 양반층 자제들은 결혼하는 데 문제가 없었지만, 가난한 사람들은 결혼하지 못하는 경우도 많았다. 이런 젊은이들을 위해 조선 정부는 결혼 장려 정책을 내놓았다. 조선의 법전인 『경국대전』에는 양반의 자녀로서 가난하여 서른이 넘도록 결혼하지 못한 이가 있으면 나라에서 비용을 부담하도록 규정해놓았다. 나라에서 결혼 비용을 보조해주도록 한 것인데, 그 대상이 가난한 양반가 자녀들이란 점이 신분제 사회의 한계를 말해준다. 『조선왕조실록』 등을 보면 조선시대에는 정부가 적극적으로 결혼과 출산에 관여했음을 알 수 있다. 가난 때문에 혼기를 놓친 이들을 위해 관리들이 나서서 미혼 남녀를 조사해 중매하고, 심지어는 결혼 자금 500냥과 혼수까지 나누어주었다. 이렇게 정부에서 적극적으로 결혼 장려 정책을 편 이유는 무엇일까? 출산으로 인한 양민의 증가는 곧 노동력의 증가를 의미하기에 정부는 국가 경쟁력을 높이기 위해 결혼을 적극적으로 장려한 것이다.

조선 정부의 정책은 결혼에서 끝나지 않았다. 출산과 관련된 복지 정책도 있었다. 『세종실록』에는 남자의 출산휴가가 기록되어 있다. 아내가 출산을 하면 남편은 만 30일을 쉬게 하라는 법이 있었다. 물론 모든 남자에게 적용된 것이 아니라 관청 소속 노비나 관사 소속 아전의 아내가 출산한 경우에 해당한다. 또 관청 등에서 일하는 여자 공노비가 임신을 하면 100일간 출산휴가를 지급했다. 극히 일부 하층민에 한한 것이지만, 한때 현대사회에서조차 보기 힘든 혁신적인 복지 정책이 조선시대에 실시되었던 것이다. 또 조선시대에는 아이를 셋이상 낳으면, 아들딸 구분 없이 왕이 쌀과 콩 10석을 하사했다. 형편이 어려운 다둥이 가정에는 물품을 하사하기도 했다. 출산 보조금 정책도 이미 조선시대부터 시작되었던 것이다.

조선시대에는 조혼 풍속이 널리 퍼져 있었다. 조혼 풍속 중하나가 민며느리제와 유사한 예부제다. 예부제는 장차 며느리가 될 어린 여자아이를 데려다가 키운 후 성인이 되면 신랑 집에서 신부 집에 예물을 주고 혼례를 치르던 일종의 매매혼이다. 이와 반대로 데릴사위제도 있었는데, 이는 예서제라고 한다. 조선시대에는 예부제가 더 많았다. '겉보리 서 말이면 처가살이 안 한다'는 속담이 있을 만큼 데릴사위 생활이 많이 고달팠기 때문이다. 당시 하층민 사회에서는 10세 미만의 여자아이를 데려다가 15세 전후에 혼례를 치르는 풍속이 성행했다. 신랑 집에서는 '꼬마 며느리'를 키워 노동력에 보탰고, 나

화가 김준근이 그린 조선 후기 혼례 모습

중에 신부 집에 물품을 보내 대가를 지불했다. 주로 가난한 여자 집에서 행해졌으나, 혼례에 드는 비용을 줄이는 효과도 있어 하층민 사이에서는 인기가 있었다.

조혼 풍속은 고려시대 공녀를 뽑아 원나라에 보내게 되면서 이를 피하기 위해 생겨난 것으로 알려져 있다. 하지만 고대부터 민며느리제 등 백성들의 노동력과 경제력 손실을 막기 위해 이어져왔던 풍속이었다. 조선시대 조혼 풍속의 성행이 고려시대의 유습으로 볼 수도 있겠으나 하층민에서는 이른 결혼을 통해 노동력을 확보하고 경제적 보상을 받으려는 의도가 더 컸다. 양반층에서도 이유는 다르지만 조혼 풍속이 성행했다. 지배 세력에게 결혼은 대를 잇기 위한 중요한 관문이었다. 양반들은 권세 있는 가문과 결혼을 통해 권력을 유지하고 후손들이 가문의 영광을 이어갈 수 있게 했다. 그래서 좋은 가문과의 결혼을 성사하기 위해 일찍부터 정혼하는 일도 많았다.

그러면 조선시대에는 몇 살쯤 결혼했을까? 여성의 결혼 연령은 임신이 가능한 17세 전후로 고정되었고, 그보다 더 빨리 후손을 얻기 위해 양반 남성의 결혼 연령이 점점 내려갔다. 남성의 평균 결혼 연령은 1500년대 후반 18.3세에서 1800년대 후반에는 15.5세까지 꾸준히 내려갔다. 따라서 여자가 남자보다 나이가 많은 연상연하 커플이 많아졌다. 당시 경남 산청 지역의 호적기록을 보면 연상연하 부부의 비율이 중간층과 하층민에서는 평균 36.3퍼센트였는데, 상류층에서는 44퍼센트에 달했다. 양반층에서는 꼬마 신랑이 연상 여성과 혼인하는 경우가 많았기 때문이다.

또 하나의 결혼 풍속인 재혼은 어떠했을까? 고려시대에는 일반 백성이나 지배층에서도 재혼이 어느 정도 자유로웠으나 조선시대에는 특히 양반층의 재혼이 금지되었다. 양반가 여성들은 남편이 일찍 죽더라도 재혼하지 못하고 수절을 강요당했다. 그 이유는 정절을 중시한 사회적 풍토 때문도 있지만, 더 중요한 것은 가부장적 체제를 유지하기 위해서였다. 자녀들이 새아버지의 성을 따르게 되면 가문의 대가 끊길 수 있기 때문에 재혼을 금지한 것이다.

조선시대 결혼 장려 정책과 하층민을 배려한 출산 지원 정책은 오늘날 민주주의가 성장하면서 볼 수 있는 앞선 정책들이었다. 과거의 우리는 정부의 다양한 복지 정책 덕분에 저출산의 고비를 넘기고 베이비붐 시대도 지나왔다. 조선의 결혼 출산 정책만 봐도 역사는 반복되고 있음을 알 수 있다.

참고 자료

『교과서 밖의 한국사 이야기』(장지현 지음, 미네르바) / 『조선의 성풍속』(정성희 지음, 가람기획) / 「신축년 사월」(최중기 글, 《민속소식4》, 국립민속박물관) / 「조선시대도 저출산 걱정…… 혼기 놓친 양민에게도 500냥 지원」(《동아닷컴》, 2020.10.29)

혼수품으로 수의를
챙기는 나라

초기 고구려에는 여러 결혼 풍속이 있었다. 일종의 데릴사
위제인 서옥제와 형이 죽으면 형수를 아내로 취하는 형사취수
제가 행해졌다. 또 하나 유별난 점은 고구려인은 혼수품으로
수의를 마련했다는 점이다. 경사스러운 결혼식날 죽음을 준비
했다는 것인가? 고구려인의 결혼 풍속을 알아보자.

고구려인은 혼수품으로 금·은 같은 재물은 받지 않았고, 대
신 수의를 혼수품으로 준비했다. 왜 그랬을까? 그들의 생활
환경에서 이유를 찾을 수 있다. 고구려인은 만주를 중심으로
생활권을 형성했는데, 특히 고구려가 차지한 땅은 척박해 벼

농사 짓기에 적합하지 않았다. 그래서 고구려인은 전쟁을 통해 생활필수품을 획득했다. 남의 나라를 침략해서 생활필수품을 얻어 생활하는 약탈 경제가 기반이었던 것이다. 이러한 사회적 배경에서 수의를 혼수품으로 마련하는 것인데, 수의에는 '우리 부부는 언제나 죽음을 맞이할 수 있다'는 의미가 담겨 있다. 또 관에 들어가는 날까지 평생을 함께하자는 의미로, 죽는 날까지 부부의 예를 다하자는 신뢰의 약속이기도 했다. 그러고 보니 결혼을 하면서 죽는 날까지 함께하자는 의미로 수의를 선물한 것은 오늘날 결혼 주례사 중 '검은 머리가 파뿌리가 될 때까지'라는 표현과 비슷하다.

고구려인은 수의 외에 다른 혼수품은 주고받지 않았을까? 그에 대해 중국 수나라의 역사서 『수서』의 '고구려전'을 보면, "결혼은 남녀가 서로 좋아함에 따라 이루어진다. 남자 집에서 돼지와 술을 보낼 뿐이며, 다른 물건을 실어 보내는 예가 없다. 혹 다른 재물을 받는 이가 있으면 모두들 그런 행위를 수치스럽게 여긴다"고 기록되어 있다. 이는 고구려 평민 사회의 결혼 풍속을 그린 것이다. 즉, 결혼할 때 신부 집에서 돼지와 술은 결혼을 축하하는 의미로 받았지만, 금·은과 같은 사치스러운 재물을 받으면 딸을 종으로 팔았다는 욕을 먹을까 봐 받지 않았다고 한다. 재물보다 사람의 가치를 중요하게 여긴 고

고구려에서는 혼수품으로 챙기는 수의

구려인의 공동체 의식을 엿볼 수 있다.

그러면 고구려인의 결혼 풍속은 어떠했을까? 대표적인 결혼 풍속으로 서옥제와 형사취수제가 있다. 두 풍속은 모두 지배층에서 행해졌고, 일반 백성은 자유연애를 하고 결혼했다. 서옥제는 신랑이 신부 집에서 생활하는 데릴사위제와 비슷하나 약간 다르다. 양가 부모의 승낙을 받아 결혼이 정해지면, 신부 집에서는 본채 뒤에 서옥(壻屋)이라고 하는 자그마한 집을 지어둔다. 서옥은 사위의 집이란 뜻이다. 혼인식 날 신랑은 해가 져서 어둑해지면 신부 집 앞에 와서 절을 하고 자기의 이름을 대며 "신부와 더불어 잘 살 수 있게 허락해주십시오"라고 외친다. 이렇게 몇 번 외치는 동안 마을 사람들이 재미있는 구경거리를 보려 신부 집 앞에 모여든다. 이때 신랑이 마을 사람들 앞에서 신부와 잠자리를 가질 수 있도록 해달라고 여러 번 큰 소리로 외치면, 신부의 부모는 신랑의 요청을 받아들인다. 이렇게 해서 결혼이 성사되고, 신랑과 신부는 서옥에 들어가 첫날밤을 지내게 된다. 이때 서옥에는 돈과 옷감, 생활용품 등이 준비되어 있었고, 이후 신랑과 신부는 서옥에서 생활하게 된다. 그리고 부부가 아이를 낳고 그 아이가 자라 성인이 되면, 남편은 아내와 자식을 이끌고 자신의 집으로 돌아간다.

서옥제는 노동력이 귀했던 당시의 상황으로 볼 때, 딸이 출가하면서 줄어들 일손을 사위가 일정 기간 처가살이를 하며 도와줄 수 있게 한 풍속이다. 또 아이를 낳아 기르기까지 아내

고구려 벽화 속 고구려인들

가 겪어야 하는 정신적·육체적 부담을 덜어준다는 의미도 있다. 이런 의미로 볼 때 서옥제는 아이를 낳고 살림을 해야 하는 아내를 배려한 제도였다. 이 제도가 고려시대에는 일종의 데릴사위제인 예서제(豫壻制)로 바뀌었고, 이는 조선 전기까지 이어졌다. 임진왜란 이후 가부장제가 강화되면서 조선 후기에는 신부가 신랑 집에 들어가서 사는 친영제(親迎制)가 보편화되었다.

또 다른 결혼 풍속으로 형사취수제(兄死娶嫂制)가 있다. 형이 죽으면 동생이 형수를 아내로 삼는 제도였다. 이런 풍속은 고구려뿐 아니라 부여, 흉노와 같은 북방민족에서 널리 행해졌다. 특히 유목생활을 하는 민족에서 흔히 볼 수 있었다. 이동해야 하는 유목생활에서 재산이 나누어지는 것을 막기 위해 생겨난 풍속이다. 이는 남편을 잃은 여자가 다른 남자와 재혼을 하면 여자의 자식과 재산이 재혼한 집안으로 갈 수 있기 때문이다.

『삼국사기』에 형사취수제와 관련된 내용이 나온다. 고구려 9대 왕 고국천왕(재위 179~197)의 부인인 우씨에 관한 이야기다. 고국천왕이 죽자 우씨 부인은 시동생인 발기와 연우를 찾아갔다. 발기는 우씨를 거절했으나, 둘째 시동생 연우는 우씨를 받아들여 결혼했다. 우씨를 받아들인 덕에 연우는 고국천

왕의 뒤를 이어 10대 왕인 산상왕(재위 197~227)에 올랐다. 형
사취수제를 따를 경우 형수가 죽으면 보통은 전 남편 곁에 묻
히는 게 전통이다. 하지만 우씨는 산상왕 곁에 묻혔다. 그 이
유는 우씨가 세상을 떠나기 전에 "고국천왕을 볼 낯이 없으므
로 산상왕 곁에 장사 지내달라"는 유언을 남겼기 때문이다. 우
씨의 유언으로 미루어볼 때 당시 고구려 사회에는 유교적 윤
리 의식이 전파된 것으로 보이고, 이 시기에 형사취수제가 점
차 쇠퇴해가고 있음을 알 수 있다. 형사취수제는 3세기 초 산
상왕의 뒤를 이은 동천왕 이후에는 거의 보이지 않는다.

혼수품 수의, 서옥제, 형사취수제 등 고구려의 결혼 풍속은
사회가 불안정한 시기에 노동력과 경제적 손실을 줄이기 위한
자구책이었으며, 나라가 안정을 찾고 평화를 누리면서 점차
소멸되었다.

참고 자료

『알아두면 잘난 척하기 딱 좋은 우리 역사 문화사전』(민병덕 지음, 노마드) / 『삼국시대
사람들은 어떻게 살았을까』(한국 역사 연구회 지음, 청년사) / 『한국사 뒷이야기』(박은봉
지음, 실천문학사) / 고국천왕, 위키백과 / 고구려의 결혼 풍습(KBS NEWS 아침에 특강,
2017.03.30) / 서옥제(역사 우리넷)

전세제도는
언제 시작되었을까?

우리나라에만 있다는 전세제도는 언제부터 시작되었을까? 전세제도는 자본주의 사회에서 생겨난 것이 아니라 오랫동안 우리나라 주거생활 문화의 하나로 이어져 내려온 전통이다. 과거에도 오늘날과 같은 공인중개사가 있어 집을 사고팔 수 있었고 전셋집도 구할 수 있었다. 그렇다면 어떻게 해서 이렇게 독특한 주택제도가 생겨났을까?

전세제도는 고려시대 전당(典當)제도가 조선으로 이어졌고, 이 제도가 주택을 대상으로 하면서 정착된 관행으로 보인다. '전당'은 논밭을 제공하고 대신 돈을 빌리는 제도였다. 조선시대에 이 제도가 확대되어 주택에 적용되면서 전세제도로 발전했다.

조선은 임진왜란(1592~1598)과 정묘·병자호란(1627, 1636)을 겪은 이후 경제·사회적으로 많은 변화가 일어났다. 특히 18세기 이후 전국 각지에서 많은 사람이 한양으로 올라왔다. 상공업의 발달로 예전에 없던 다양한 직종이 생겨났고, 벼농사에서 이앙법의 보급으로 광작이 유행하면서 소작지를 잃은 농민들이 일거리를 찾기 위해, 또는 양반 신분을 돈 주고 산 부유한 농민들이 신분 세탁을 위해 한양으로 몰려들었던 것이다. 이런 이유로 15세기 초 10만~15만여 명이던 한양의 인구가 18세기 들어 두 배 가까이 늘어 20만~30만여 명이 되었다. 1785년 무렵 영국에서 인구 5만 명을 넘긴 도시가 런던 등 네곳에 불과했다는 점을 고려하면 엄청난 인구 증가였다.

한양의 인구 증가는 심각한 주택난을 초래했다. 돈 많은 사람들은 집을 사거나 빈터를 사들여 집을 지었고, 일을 찾기 위해 상경한 임시 노동자나 장기간 직업군인으로 근무해야 하는 장병들은 집을 빌렸다.

이들은 집 전체를 빌리거나 사랑방, 행랑 등 일부만 빌리기도 했다. 집값의 50~80퍼센트에 해당하는 목돈을 주고 집을 빌렸는데, 이를 세매(貰賣)라고 했다. 세매는 '세를 주고 팔다'

라는 뜻이다. 집을 팔기는 싫지만 돈이 필요한 사람들이 돈을 받고 사용하지 않는 집을 빌려준 것이다. 이때 내는 돈을 세전이라고 했는데 일종의 보증금이다. 체면을 중시하는 양반들이 돈은 필요한데, 조상 대대로 물려받은 집을 차마 팔 수가 없어서 '빌려준다'는 명목으로 세전을 받고 집을 내주었는데, 이를 전세제도의 시작으로 본다.

돈이 필요한 사람과 집이 필요한 사람의 요구가 맞아떨어지면서 전세제도가 유행했는데, 전세살이를 한 사람들 중에는 양반들도 있었다. 퇴계 이황(1501~1570)도 전세살이를 했다. 지방에 살다가 관직 생활을 하기 위해 한양으로 올라오면 집을 구해야 했다. 이황이 지은 시 중에 '살구꽃'이 있다. 세 들어 사는 집의 정원에 피는 살구꽃을 보고 "한양의 셋집에 동산 뜰이 비었더니 해마다 울긋불긋 온갖 꽃이 피어나네"라고 읊었다. 이황이 셋집의 정취를 시로 표현한 것이다. 성종 때 관직 생활을 하기 위해 올라왔던 김종직(1431~1492)도 여러 번 이사를 다니며 셋방살이를 했다. 그는 "성중에 있는 몇몇 집들은 다 내가 머물러 살았던 집인데 때로는 몰아 내쫓음을 당하여 동서로 자주 떠돌아다니었네"라는 글을 남겼다. 김종직은 셋방살이의 설움을 한시로 풀어냈는데, 이 설움은 지금과 비슷해 보인다.

그렇다면 조선시대에는 주택 매매나 전세 정보를 어떻게 얻었을까? 당시에도 중개인을 통해서 임대가 이루어졌다. 이런 사람들을 집주름(집주릅) 또는 가쾌라고 불렀다. 집주름이란 말에는 '내가 한양의 집들을 주름잡고 있어!'라는 의미가 있다. 이들은 집의 매매와 전세를 주선하고 쌍방으로부터 일정한 보수를 받고 계약을 체결하는 것을 생업으로 삼았다. 이들은 지역 주택 정보를 잘 알고 있는 사람들로서, 18세기에는 주로 훈련도감의 포수들이 집주름으로 활동했다.

　전세 기간은 얼마 정도였을까? 1910년 조선 총독부가 우리나라를 조사한 '관습조사보고서'가 있다. 여기에는 "전세는 조선에서 가장 일반적으로 행해지고 있는 가옥임대차 방법이며 전세 금액은 가옥 대가의 반액 내지 7~8할이 통례이고, 별도의 지불 없이 반환 시 돌려받는다. 전세 기간은 통상 1년, 그러나 서울에서는 특약이 없는 경우 100일이 기준이다"라고 기록되어 있다. 이것을 보면 오늘날 전세제도와 거의 같음을 알 수 있다. 다른 점이 있다면 전세 기간이 보통 1년이나 서울에서는 특별히 명시하지 않을 경우 100일만 살다가 이사할 수도 있다는 점이다.

　조선시대부터 행해져온 전세제도 덕분에 일반 백성들도 저렴한 돈으로 집을 구할 수 있었다. 오늘날에는 전세를 끼고 집을 사면 적은 돈으로 내 집을 마련할 수도 있다. 전세 대란만 없다면 서민들에게는 유용한 제도다.

참고 자료

『읽고 나면 입이 근질근질해지는 한국사』(정훈이 지음, 생각의길) / 「조선시대 이황도 겪은 전세난, 그때도 복덕방은 필수였다?」(YTN, 2020.02.27) / 「내일이 손있는 날이라 이사 비용이 싸다」(정삼열 글, 《성결 네트워크》) / 「전세란 무엇인가?」(권경률 글, 《부대신문》, 2020.12.07) / 「조선시대 한양 사람들의 집 소유하기·구하기」(유승희 글, 서울 역사 강좌 11, 『코로나 시대 다시 집을 생각하다』)

HISTORY 5

거짓과
이슈의
역사

조선시대에도
금지곡이 있었다

금지곡은 국가가 심의 및 검열을 통해 방송, 음반 발매, 공연 등을 제한한 노래다. 대개 미풍양속을 해친다는 명분으로 금지곡을 선정하지만 정치적 목적이나 이데올로기에 이용되기도 한다. 특히 1960~1980년대까지 금지곡이 많았고, 1987년 6월 민주항쟁 이후 민주화가 진전되면서 금지곡 해제 조치가 이루어졌다. 이후 1996년 사전 심의제가 폐지되면서 금지곡은 거의 사라졌다. 그런데 금지곡이 현대의 전유물은 아니었고, 조선시대에도 금지곡이 있었다. 대표적인 것이 고려가요다. 그때는 어떤 내용 때문에 금지곡이 되었을까? 그에 앞서 현대의 금지곡은 어떤 이유로 선정되었는지 짚어보자.

유명한 록그룹 퀸(Queen)의 〈보헤미안 랩소디(Bohemian Rhapsody)〉는 우리나라에서 1989년까지 금지곡이었다. 보컬 프레디 머큐리가 피아노를 치며 부르는 이 곡의 도입 부분, "Mama just killed a man"은 엄마에게 한 남자를 죽였다고 고백하는 충격적인 가사다. 물론 이 곡의 가사가 은유적 표현으로 커밍아웃을 의미한다는 해석도 있다. 노래를 듣다 보면 사형수의 죽기 전 고백처럼 들리지만 미풍양속을 해칠 정도였는지 의문이 간다. 이런 이유로 〈보헤미안 랩소디〉는 군사 정권 시절 금지곡이 되었다. 그런데 이유가 이것만이 아니었다. 바로 제목에 나와 있는 '보헤미안'도 금지된 이유 중 하나였다. 노래 제목에 사회주의 국가인 체코의 지명이 들어갔기 때문이다. 보헤미안은 보통 집시들을 가리키는 말이고 현대에 와서는 자유로운 예술가를 뜻하기도 한다. 이 단어는 체코 보헤미아 지역에 살던 집시들이 프랑스로 대거 들어오면서 이들을 보헤미안으로 부르게 된 것에서 유래했다. 사회주의 국가의 도시명 때문에 금지곡이 되었다는 것은 지금은 도저히 이해하기 어렵지만 반공 이데올로기가 군사 정권의 한 축이었던 시기에는 국민의 문화생활을 통제하는 하나의 잣대로 작용했다. 1988년 서울 올림픽이 끝나고 사회주의 국가들 사이에서 자유주의와 자본주의 물결이 출렁이게 될 무렵 우리나라도 사회주의 국가들과 수교를 준비하던 즈음에 이 노래가 금지곡에서 풀려났다.

금지곡이 가장 많이 쏟아져 나온 때는 1970년대 유신 체제 시기였다. 〈아침이슬〉을 비롯해 많은 노래가 금지곡이 된 데는 황당한 이유가 많았다. 김민기의 〈아침이슬〉은 "태양은 묘지 위에 붉게 떠오르고"라는 가사에서 '붉은 태양'이 북한 지도자를 떠올리게 한다고 금지되었다. 신중현의 〈미인〉은 성적 묘사와 유신 정권을 비판할 여지가 있는 가사라고 금지되었다. 또 송창식에게 10대 가수상을 안긴 〈왜 불러〉는 제목이 반항적이라고 금지, 그의 또 다른 노래 〈고래사냥〉은 제목이 포경수술을 연상하게 한다고 금지되었다. 그리고 이금희의 〈키다리 미스터 김〉은 노래 심의 담당자들이 키가 작은 박정희 대통령을 의식해서 금지곡으로 지정했다. 게다가 이금희는 이 노래 때문에 1년간 방송 출연까지 정지당했다.

이제 조선시대 금지곡에 대해 알아보자. 조선의 금지곡으로는 고려가요가 대표적인데, 남녀상열지사(男女相悅之詞)라는 게 이유였다. 남녀상열지사는 '남녀가 서로 사랑하면서 즐거워하는 가사'라는 뜻으로, 조선시대에 고려가요를 낮잡아 이르던 말이었다. 조선 유학자들은 남녀상열지사라는 죄목으로 고려가요를 블랙리스트에 올렸다. 성리학을 지배 이념으로 받아들인 지배 세력은 문장을 성리학의 도를 실현하는 수단으로 여겼다. 그래서 인간의 본성을 적나라하게 표출하는 고려가요를 비판적으로 본 것이다. 조선 지배 세력이 정권의 정통성과 사대부의 권위를 확립하기 위한 수단으로 고려가요를 '금지곡'으로 낙인찍었기에 대부분의 고려가요는 사라졌고 곡만 남아 있거나 가사가 바뀌어 전해온다.

고려가요의 주된 내용은 남녀 간의 사랑, 이별, 자연에 대한 예찬 등으로, 평민들의 감정을 숨김없이 표현한 게 특징이다. 고려 왕실에서 궁중음악으로도 연주되었으며, 조선에서도 궁중에서 종묘제례와 연회 등의 행사 때 연주되기도 했다. 물론 조선에서 연주된 것은 개사된 고려가요이고, 곡만 그대로 사용했다. 간신히 살아남은 고려가요에는 〈쌍화점(雙花店)〉〈이상곡(履霜曲)〉〈만전춘(滿殿春)〉 등이 있다. 대부분 작자는 알려져 있지 않다. 〈쌍화점〉은 고려 충렬왕 때 지어진 것으로 남녀 간의 성적인 문제를 노골적으로 표현했다. 〈이상곡〉은 임을 향한 애절함을 표현한 서정시에 가깝고, 〈만전춘〉은 성 표현이 노골적이기는 하나 절절한 연가(戀歌)라고 할 수 있다.

〈쌍화점〉 1연 일부만 보고 가자. "만두가게에 만두 사러 갔더니 / 회회아비 내 손목을 쥐더이다 / 이 말쌈이 이 가게 밖에 나며들면 / 다로러거디러 조그마한 어릿광대 너의 말이라 하리라." 쌍화점은 만두가게, 쌍화는 만두를 뜻한다. 회회아비는 몽골인을 가리키는 말로 만두가게 주인이다. 여성인 화자는 만두가게에 만두 사러 갔다가 만두가게 주인에게 손목을 잡혔는데, 이 소문이 다른 사람들에게 퍼진다면 이 모습을 지켜본 어릿광대가 퍼뜨린 것으로 생각하겠다는 의미다. 손목을 잡혔다는 것은 만두가게 주인과 잠자리를 했다는 뜻이다. 그래서 화자는 소문이 퍼질까 봐 걱정이 된다는 심경을 담아냈다. 이 가요는 고려시대의 성 윤리를 잘 표현했다. 〈쌍화점〉이 조선시대까지 남아 있을 수 있던 것은 그나마 덜 선정적이었기 때문이기보다는, 고려가요가 얼마나 선정적이고 퇴폐적인가를 보여주기 위한 사례로 남겨둔 것으로 보인다.

조선의 9대 왕 성종(재위 1469~1494)은 1488년에 〈서경별곡〉의 가사를 문제 삼아 선율은 그대로 두고 가사를 고치라고 명했다. 그 결과 〈서경별곡〉의 곡조에 태조의 위화도 회군을 칭송하는 정도전(1342~1398)의 〈정동방곡〉의 가사가 붙여졌다.

조선 중기의 학자이자 정치가였던 허균(1569~1618)은 조선시대 금지곡을 보며 "남녀의 정욕(情慾)은 하늘이 부여해준 것이요, 윤리의 분별은 성인의 가르침이다. 차라리 성인의 가르침을 어길지언정 하늘이 부여한 본성을 어길 수는 없다"고 했다. 허균의 이런 생각은 조선시대에서는 찾아보기 힘든 파격적인 것이었다. 표현의 자유를 누리고자 하는 욕구는 조선시대뿐만 아니라 오늘날에도 사회적인 제한을 받고 있다. 군사정권 치하에서는 사회 비판적 내용을 담은 작품들을 탄압하고 금지했다. 그러나 고려시대에 고려가요가 자유로운 민중의 성의식을 보여주고 그것을 즐길 수 있었듯이, 노래는 노래 자체로 평가되고 받아들여야 하지 않을까.

참고 자료

『옛 노래의 숲을 거닐다』(김용찬 지음, 리더스가이드) / 『읽고 나면 입이 근질근질해지는 한국사』(정훈이 지음, 생각의길) / 「금지곡」(《세계일보》, 2011.08.22) / 금지곡, 나무위키 / 금지곡, 두산백과

조선판 〈사랑과 전쟁〉

　현대에 와서는 중매결혼보다 자유로운 연애결혼이 많아졌다. 그런데 최근까지도 통계를 보면 연애결혼이 중매결혼보다 이혼율이 높다. 이와 같은 현상은 우리나라뿐 아니라 세계적인 추세로 보인다. 일본의 한 사이트에 올라온 이혼율에 관한 글을 보면, 연애결혼의 이혼율이 40퍼센트인 반면, 중매결혼의 이혼율은 10퍼센트밖에 안 된다. 사랑해서 결혼했으니 사랑이 식으면 함께할 이유가 사라져버린 탓일까? 오늘날 사회는 결혼도 자유롭지만 이혼도 자유롭다. 그렇다면 유교 국가 조선에서도 이혼이 자유로웠을까? 조선은 중매로 결혼해서 백년해로하는 것을 미덕으로 여기던 시대였다. 그래서 이혼은 쉽지 않았으나 기록에 따르면 여러 형태의 이혼이 존재했다.

조선시대에도 이혼은 있었는데 결혼과 마찬가지로 이혼도 가부장적 가족제도를 유지하기 위한 유교적 통제 속에서 행해졌다. 이를 알 수 있는 대표적인 사례가 칠거지악(七去之惡)이다. 이는 아내를 내쫓을 수 있는 이유가 되었던 일곱 가지 허물을 말한다. 시부모에게 순종하지 않는 아내, 아들을 못 낳는 아내, 음란한 아내, 투기가 심한 아내, 나쁜 병이 생긴 아내, 말

조선 후기 풍속화가 신윤복의 〈월야밀회〉

이 많은 아내, 도둑질하는 아내다. 하지만 이 칠거지악은 기준이 애매모호하다. 남편이 이혼하고 싶으면 얼마든지 칠거지악으로 트집을 잡아 아내를 내쫓을 수 있었다. 아들 못 낳는 것은 명백한 사실이지만 시부모에게 순종하지 않는 것, 음란하고 투기하는 것, 병에 걸리는 것, 말이 많은 것 등은 자의적으로 해석할 수 있기 때문이다. 그래서 최소한이나마 여성을 보호하기 위해 마련한 유교 윤리가 삼불거(三不去)다. 아내에게 칠거지악이 있어도 삼불거(쫓겨나면 갈 곳이 없는 경우, 부모의 3년상을 같이 치른 경우, 가난할 때 시집와서 살다가 부자가 된 경우) 중 하나라도 해당되면 이혼할 수 없었다. 조선시대에 생활 능력이 없는 여자가 이혼을 요구한다는 것은 흔한 일이 아니었다. 이혼은 대부분 남자가 요구하는 경우가 많았기에 칠거지악 못지않게 삼불거도 중요시해 이혼이 쉽지 않았다.

조선 조정에서도 이혼에 대해선 보수적 입장이었다. 특히 양반들의 이혼을 금기시해 간통 같은 잘못을 저질렀을 경우에만 이혼이 허락되었다. 양반들의 이혼은 절차가 무척 까다로웠다. 양반들이 이혼하려면 조정의 승인을 받아야 했다. 조정은 지금으로 치면 국회와 유사하다. 이혼하는 데 국회 허락을 받아야 한다는 것은 결국 이혼하지 말라는 것이다. 따라서 조선시대 양반들의 이혼은 거의 불가능했다고 봐야 한다. 특히 양반의 결혼은 가문끼리의 결합이어서 이혼은 생각할 수도 없었다. 그래서 양반가에는 쇼윈도 부부가 많았다. 대표적으로 우리가 잘 아는 신사임당은 남편이 첩을 얻어 사이가 멀어졌지만 이혼하지 않고 시댁인 파주와 친정인 강릉을 오가며 결혼생활을 이어갔다. 명목상 부부일 뿐 각자 자신의 역할을 하며 살았던 것이다.

그렇다면 일반 백성과 천민의 이혼은 어떠했을까? 양반들과 달리 부부가 합의하면 이혼할 수 있었다. 조선 후기에 작성된 것으로 추정되는 '이혼증명서'에 따르면 아내가 다른 남자와 바람이 나서 남편에게 이혼을 요구했다. 그 내용을 들여다보면, "그간 어려운 살림에도 동고동락한 아내는 이제 나를 배반하고 다른 사람에게 갔으니 슬프도다.…… 두 딸을 생각하니 눈물이 흐른다. 그녀가 내게 한 짓을 생각하면 칼로 죽이는 것이 마땅하나 용서하고 엽전 35냥을 받는 것으로 영원히 우리의 혼인 관계를 파하고, 위 댁으로 보낸다. 이 수기가 증빙할 것이다"라고 적혀 있다. 마지막에는 '최덕현'이라는 한글 이름과 함께 '손모양'을 기입했다. 한글 이름이라는 점에서 최덕현은 양민 또는 천민으로 보인다. 그리고 아내의 요구로 이혼증명서를 작성했으나 원치 않은 이혼임을 알 수 있다. 또 '35냥'과 '위 댁'에서 그의 아내와 정을 통한 남자는 양반으로 유추할 수 있으며, 위자료 35냥을 받았다는 것도 알 수 있다. 위자료는 두 딸을 키우기 위해 받았을 것이다.

이렇게 일반 백성들은 부부가 합의이혼을 하면서 이혼증명서를 남기기도 했고, 그 외에 남편이 저고리 깃을 잘라 그 한 조각을 아내에게 주어 이혼의 증표로 삼기도 했다. 이 증표는 일종의 재혼 허가증이다. 이른 새벽에 이 천 조각을 가지고 성황당 길에 서 있으면 처음 만난 남자가 지위고하를 막론하고 데리고 살아야 한다는 관습이 있었다. 이혼은 선택했지만 재혼은 운명이나 팔자에 맡길 수밖에 없는 존재, 그것이 조선시대 여성들이었다.

■ 참고 자료

『조선의 성풍속』(정성희 지음, 가람기획) / 『조선시대 사람들은 어떻게 살았을까 1』(한국역사연구회 지음, 청년사), 「조선시대에도 과연 이혼을 했을까?(1)」(반주원 글, 예스채널, 책읽아웃) / 이혼, 한국민족문화대백과사전 / 「조선 부부도 이혼투쟁 빡세게 했다」(《아시아경제》, 2017.02.22)

우리나라 최초의 한글소설은 『홍길동전』이다. 이는 광해군 (재위 1608~1623) 때 학자이자 정치가인 허균(1569~1618)이 쓴 소설로 알려져 있으며, 조선 사회의 적서 차별을 비판하면서 사회 부조리를 고발한 내용이다. 그런데 『홍길동전』의 저자가 허균일 수 없다는 주장이 있다. 예전부터 『홍길동전』의 저자가 허균이 아니라는 주장은 있어왔다. 그러던 중 최근 한문으로 쓰인 「홍길동전」이 발견되면서 한글로 쓰인 『홍길동전』이 허균의 작품이 아니라는 주장에 무게가 실리고 있다.

『홍길동전』이 허균의 작품이라는 주장은 어떻게 나왔을까?

정작 책에는 작가의 이름이 없다. 한글소설 『홍길동전』의 저자가 허균이라고 처음 주장한 사람은 일제강점기 경성제국대학 조선문학 담당 교수였던 다카하시 도루(高橋亨, 1878~1967)다. 다카하시 도루는 1927년에 조선 중기 문인 이식이 편찬한 『택당집』에 실린 내용 중 "허균은 또 『홍길동전』을 지어서 『수

허균과 『홍길동전』

호전』에 비겼다"는 문장을 보고서『홍길동전』의 저자가 허균이라고 주장했다. 다만 그는 허균의『홍길동전』은 한문소설이어야 한다고 전제 조건을 두었다. 왜냐하면『택당집』어디에도 허균의『홍길동전』이 한글소설이라는 내용이 없기 때문이다. 하지만 다카하시의 제자들은 1930년대 당시 널리 읽히고 있던 한글소설『홍길동전』의 저자를 허균이라고 주장했고, 이것이 통설로 자리 잡게 되었다. 다카하시의 제자였던 사회주의자 국문학자인 김태준(1905~1950)은『조선소설사』에서『홍길동전』에 대해 다음과 같이 평가했다. "홍전은 균배의 자서전이었을수록 더욱 귀중하다. 갖은 포학과 천대를 다 하는 양반 정치에 반기를 든 풍운아 홍길동의 성격이 전후의 모순 없이 완전히 묘사되었으며, 장회소설의 시조가 되었다는 점에서 조선 소설사상 가장 거벽이라 하겠다." 여기서 홍전은『홍길동전』을, 균배는 허균을 가리킨다. 장회소설은 여러 회로 이야기를 잘라서 서술한 형식을 말한다. 김태준은『홍길동전』을 허균의 작품으로 보았고, 그의 자전적 소설이라고까지 소개했다. 또 그는『홍길동전』을 계급 타파와 적서 차별, 빈민 구제, 이상 사회(율도국) 건설 등을 내세운 혁명적 소설이라고 평했다. 이처럼 김태준 등 다카하시 제자들이『홍길동전』을 허균의 작품이라고 주장하면서 오늘에 이른 것이다.

한글소설『홍길동전』의 내용을 잠깐 짚어보자. 홍길동은 양반인 홍 판서와 그의 집 종인 춘섬 사이에서 태어난 얼자다. 보통 양반과 천민 여성 사이에서 태어난 자식은 얼자라고 하고, 양반과 양민 사이의 소생을 서자라고 한다. 이 두 용어를 합쳐서 서얼이라고 부른다. 이들은 양반의 자식이지만 중인 취급을 받았다. 그래서 홍길동은 아버지를 아버지라 부르지 못하고 형을 형이라고 부르지 못한다는 데 한을 품으며 자랐다. 가족들은 길동의 비범한 재주가 장래에 화근이 될까 봐 자객을 보내 길동을 없애려고 했다. 이를 피해 길동은 집을 떠나 방랑생활을 하다가 도적의 우두머리가 되었고 활빈당을 만들어 수령이나 양반들이 강제로 수탈한 재물을 빼앗아 빈민들에게 나누어주었다. 이후 조정에서는 홍길동을 잡으라는 체포령을 내렸으나 잡지 못하자 아버지 홍 판서와 형을 회유해 홍길동을 잡으려고 했으나 번번이 놓치고 말았다. 이렇게 되자 왕은 홍길동의 요구대로 길동을 병조판서에 임명했고, 홍길동은 궁으로 들어가 왕에게 병조판서 임명장을 받은 후 도술을 부려 사라져버렸다. 이후 길동은 조선을 떠나 율도국으로 가서 나라를 다스렸다는 내용이다.

『홍길동전』을 보면 황당한 면이 많다. 하지만 이 소설이 중요한 것은 당시 사회문제였던 적서 차별과 양반 관리들의 부정부패를 다루었다는 점이다. 허균이 서자들과 자주 어울렸고 사회 비판 의식이 높았다는 면에서 『홍길동전』을 그의 작품으로 연결한 듯 보인다.

그렇게 『홍길동전』을 쓴 저자가 허균인 줄로만 알고 있었는데, 그렇지 않다는 새로운 주장이 나왔다. 2018년 이윤석 전 연세대 국어국문학과 교수가 『'홍길동전'의 작자는 허균이 아니다』라는 책을 발간했다. 그는 이 책에서 『홍길동전』이 허균의 작품이 아니라는 이유를 밝혔다. 첫째, 홍길동이 출세할 수 없는 신분임을 깨닫고 신세 한탄을 하는 장면에서 "장충의 아들 길산이 천한 종에서 태어났으니……"라는 내용이 나온다. 여기서 '길산'은 17세기 숙종(재위 1674~1720) 때 이름을 떨친 도적 장길산을 가리킨다. 허균은 광해군 때인 1618년 역모에 몰려 죽음을 당한 인물이었다. 장길산은 허균이 죽고 70년이 지난 1692년 『숙종실록』에 이름이 등장한다. 따라서 허균보다 후대 사람인 장길산이 『홍길동전』에 나온 것으로 보아 허균의 작품으로 보기 어렵다는 것이다. 내용으로 봐서 숙종 이후 쓰인 것이라야 한다는 주장이다. 둘째, 홍길동이 조선을 떠나기 전에 왕에게 벼 1,000석을 빌려달라고 하는데, 이 요구를 들어주는 대목에서 '선혜낭청'과 '선혜청'이라는 말이 나온다. "임금이 길동의 일을 신기히 여겨 이튿날 선혜낭청에게 명령을 내려…… 벼 1,000석을 실어…… 서강 사람과 선혜청에서 일하는 사람 등이……"라는 대목이다. 선혜낭청은 선혜청의 관리이고 선혜청은 대동법 실시로 거둔 대동세를 관리하는 관청이다. 대동법은 광해군 때인 1608년에 경기도에 한해 처음 실시된 후 숙종 때인 1708년에 전국적으로 확대 실시된 공물제도다. 따라서 『홍길동전』이 쓰인 시기에 선혜청 등이 등장할 수 없다는 주장이다. 이에 대한 반론도 있다. 후대에 가서 누군가 '장길산'과 '선혜청' 등을 살짝 끼워 넣었을 수 있다는 것이다. 하지만 반론 역시 확실한 근거가 있는 주장이 아닌 가설일 뿐이다. 셋째, 허균이 살았던 1600년 무렵에 한글소설이 나올 수 없는 장르라는 주장이다. 즉, "전문적인 식견을 갖고 있지 않은 허균이 한글로 창작해낼 수 없을 것"이라는 주장이다. 넷째, 허균의 『홍길동전』은 이식이 지은 『택당집』에만 기록되어 있을 뿐 실물이 발견되지 않았다. 그래서 더욱 의심이 갈 수밖에 없다는 주장이다.

이 책이 나온 후 한문소설 「홍길동전」이 나타났다. 조선 중기 문신 황일호(1588~1641)가 쓴 『지소선생문집』에서 한문소설인 「홍길동전」이 발견된 것이다. 지소 황일호는 허균과 비슷한 시기에 살았던 인물이다. 『지소선생문집』에 홍길동의 일대기를 다룬 「노혁전」이라는 제목의 한문소설이 있다. 이는 최초의 한문소설 「홍길동전」이며 한글소설 『홍길동전』과는 내용도 다르지만, 『홍길동전』의 저자가 허균이라는 통념을 깨는 자료로 평가받게 되었다. 「노혁전」은 황일호가 전주 판관으로 있을 때 전라감사 종사관으로부터 홍길동이라는 도적의 활약상을 듣고 소설로 쓴 것이다. 이 글의 앞부분을 보면 "노혁의 본래 성은 홍이고, 그 이름은 길동이니, 실로 우리나라 망족(望族, 명망 있는 집안)이다. 불기(不羈, 도덕이나 관습에 얽매이지 않음)의 재주를 품었으며, 글에 능했다"고 쓰여 있다. 노혁이라는 인물이 홍길동이라는 것이다. 노혁이 도적 떼의 우두머리였고 어머니의 신분이 미천하다는 점도 같았다. 이런 점을 감안해볼 때 실제 인물인 홍길동의 활약상을 듣고 당대 사람들인 허균과 황일호가 각기 소설로 이야기를 만들어낸 것일 수 있다.

홍길동은 조선시대 임꺽정, 장길산과 함께 3대 도둑으로 꼽히는 인물이다. 『조선왕조실록』을 보면 홍길동이란 이름이 10번 넘게 등장한다. 홍길동은 연산군 시기에 활약했던 도적이었다. 『연산군일기』에는 연산 6년(1500) 10월 22일에 "강도 홍길동을 잡았다 하니 기쁨을 견딜 수 없다"는 기록이 있다. 체포된 후 어떻게 되었는지에 대한 기록은 보이지 않는다. 단, 『선조실록』에 "예전에 강상죄(綱常罪, 도덕과 윤리를 배반한 대죄)를 저지른 자로는 홍길동과 이연수 두 사람뿐이었으며, 항간에 욕을 할 때는 으레 이 두 사람을 그 대상으로 삼았다"는 기록이 있다. 홍길동이 도둑질로 형을 받은 것이 아니라 강상죄가 적용된 것이다. 이연수는 부모를 죽인 죄로 사형당한 인물이다. 『조선왕조실록』에서 홍길동 이름이 나온 것은 이 기록이 마지막이다.

『'홍길동전'의 작자는 허균이 아니다』를 쓴 저자의 주장대로 한글소설 『홍길동전』은 사람들 사이에서 입으로 전해져온 홍길동 이야기를 바탕으로 누군가가 1800년 무렵 창작한 것일 수도 있다. 기록으로만 전해진 허균의 『홍길동전』이 발견돼 어떤 주장이 옳은지 확실히 밝혀지지 않는다면 『홍길동전』이 허균이 쓴 우리나라 최초의 한글소설이라는 통념을 재고해볼 여지가 있다.

참고 자료

『'홍길동전'의 작자는 허균이 아니다』(이윤석 지음, 한뼘책방) / 『한국사상식 바로잡기』(박은봉 지음, 책과함께) / 「홀연히 나타난 또다른 홍길동……, 『홍길동전』은 대체 누구의 작품인가」(이기환 글, 《경향신문》, 2019.05.16) / 「한글 『홍길동전』이 허균 작이 아닌 5+1가지 이유…… 400년 전 다른 『홍길동전』까지 발견됐다」(《경향신문》, 2019.04.24) / 「400년 전 한문으로 쓴 홍길동 일대기 '노혁전' 발견」(《중앙일보》, 2019.04.26)

중매 퇴짜 사건으로 생겨난 부마 간택제도

'스드메'라는 말이 있다. 결혼할 때 필요한 스튜디오, 드레스, 메이크업의 앞 글자만 따서 만든 조어로, 일종의 웨딩 패키지다. 결혼을 앞둔 사람들은 수많은 스드메 중에서 적정한 것을 고르기가 쉽지 않다. 이럴 때 도와주는 직업이 웨딩플래너다. 웨딩플래너는 결혼식장 준비부터 신혼여행 예약, 혼수품 준비까지 결혼과 관련된 모든 일을 대행해준다. 그런데 이러한 웨딩플래너가 조선시대에도 있었다. 세자와 왕자, 공주와 옹주의 결혼 준비를 전담한 임시 관청인 가례도감(나중에 가례청으로 명칭 변경)이다. 조선시대 왕족들의 결혼은 주로 간택을 통해 이루어졌다. 그러나 초기부터 그러했던 것은 아니다. 태종 때 시작된 간택제도는 정신옹주의 중매 퇴짜 사건 이후 만들어졌다.

조선 3대 왕 태종(재위 1400~1418)은 원경왕후 민씨 외에 후궁이 19명 있었고, 이들 사이에서 12남 17녀를 두었다. 그중 가장 많은 자식을 둔 이가 신빈 신씨였다. 원경왕후는 4남 4녀를, 신빈 신씨는 2남 7녀를 두었다. 간택제도는 신빈 신씨의 첫째 딸인 정신옹주의 결혼 문제에서 시작되었다. 조선 초기 왕족은 일반 백성처럼 중매결혼을 했다. 중매쟁이를 내세워 결혼 상대를 찾아보고 사주팔자 등을 따져본 뒤 궁합이 맞으면 결혼의 뜻을 전하고 결혼식을 올렸다. 태종도 정신옹주가 시집갈 때가 되자 여기저기 알아보다가 강원도 춘천의 전직 수령이었던 이속의 아들이 괜찮다고 해서 중매쟁이를 보냈다. 그런데 이속은 정신옹주와의 결혼을 거부한다. 그는 중매쟁이의 결혼 요청에 "내 아들은 이미 죽었다. 만일 의빈 권씨의 소생이면 내 아들은 다시 살아날 수 있다"고 답을 보냈다. 이렇게 대답한 까닭은 정신옹주의 어머니인 신빈 신씨가 궁녀 출신이었기 때문이다. 원경왕후의 시종이었다가 태종의 승은을 입고 후궁이 되었는데, 천한 궁녀 출신의 자식이므로 정신옹주와의 결혼을 거절한 것이다. 또 의빈 권씨의 소생이면 결혼할 수도 있겠다는 말까지 덧붙였다. 의빈 권씨는 양반가 자제로, 아버지가 성균관에서 음악을 이론적으로 연구하는 성균악정이었다. 전직 수령 이속은 정신옹주가 왕의 딸임을 망각하고 그의 어머니 신빈 신씨의 출신을 두고 모욕을 준 것이다.

조선시대에 양반가 첩의 자식들은 서얼이라 하여 차별을 하고 관직 제한을 두었으나, 후궁의 자식들은 예외적으로 왕족 대우를 받았다. 태종은 이속을 불러다가 왕족을 능멸한 죄로 곤장 100대를 쳤고, 전 재산을 몰수하고 신분도 노비로 강등했다. 그뿐 아니라 이속의 아들은 평생 금혼령을 내려 결혼하지 못하게 했다. 왕의 딸을 거절한 대가로 이속은 온 집안이 노비로 전락하고 풍비박산이 나고 말았다.

이후 정신옹주는 윤향의 아들과 결혼했다. 당시 호조판서였던 윤향은 국가 재정을 확충하기 위해 공신들에게 지급한 밭을 회수하자는 청원을 넣었다가 이들의 미움을 사서 관직을 박탈당하고 유배형을 받고 있었다. 정신옹주의 중매 퇴짜 사건을 알게 된 윤향이 유배지에서 자신의 아들과 정신옹주의 결혼 의사를 왕에게 전한 것이다. 태종은 흔쾌히 요청을 받아들였다. 이후 유배지에서 윤향을 불러들여 형조판서 관직을 내리고 그의 아들 윤계향과 정신옹주의 결혼을 추진했다.

왕의 사위이자 공주(옹주)의 남편을 부마(駙馬)라고 한다. 부마는 부마도위(駙馬都尉)에서 비롯된 말이다. 부마도위는 중국 한나라 때 설치된 직책으로, 황제의 부마(副馬: 수레를 끄는 말)를 돌보는 관리였다. 이후 왕의 딸과 결혼한 사람만 부마도위에 임명되면서 왕의 사위를 부마로 부르게 되었다. 조선시대에는 왕의 사위가 되면 왕실 식구로서 명예직을 얻고 나라에서 녹을 받았다. 또 왕가의 사돈으로서 가문의 위상이 높아졌다. 그러나 부마가 되면 아무리 능력이 있어도 관직에 오를 수 없었고, 첩을 둘 수도 없었으며, 공주(옹주)가 죽어도 재혼할 수 없었다. 그래서 권세가 자제들은 부마 자리를 기피했다. 벼슬에 관심이 없거나 집안의 대를 잇지 않아도 되는 남자들이 원했다는 뒷이야기도 있다.

결혼한 공주와 옹주들은 시집살이를 했을까? 공주는 보통 11세에서 13세에 결혼했고 15세가 될 때까지 궁궐에서 살았다. 15세가 되면 땋았던 머리를 풀고 비녀를 꽂는 성인식을 치른 후 궁에서 나갔다. 이때 나라에서는 공주 부부가 살 집을 마련해주었다. 즉, 시부모와 함께 살지 않았으므로 시집살이는 하지 않았다. 다만 유교 사회였기에 왕가의 자식이었던 공주(옹주)도 시부모에게 예를, 시부모도 왕가를 존중하며 서로에 대한 예를 갖추었다.

태종은 정신옹주의 중매 퇴짜 사건을 겪으면서 왕의 자녀들을 위한 특별한 혼인제도를 만들었다. 바로 간택제도다. 왕의 자녀들이 혼기가 차서 결혼할 나이가 되면 전국에 비슷한 또래의 아이들에게 혼인을 금지하는 금혼령을 내렸다. 그리고 비슷한 또래가 있는 집안에는 단자를 보내도록 명했다. 단자는 지원자의 이름, 생년월일, 본관, 조상들의 내력 등을 기록한 지원 서류다. 이 단자가 모아지면 지원자를 대상으로 서류심사를 진행했는데, 서류심사에서는 왕족과의 동성동본, 질병 유무를 살폈고, 부모 중 한쪽이 없으면 탈락되었다. 선발 기준은 명문가이되 아버지의 지위가 높지 않아야 했다. 그래서 보통 4~5품의 비교적 낮은 벼슬의 집안에서 지원했다. 그 까닭은 벼슬이 높은 집안에서 왕의 사위나 며느리가 나오면 조정의 권세가 한쪽으로 쏠리기 때문이다. 외모나 학벌, 능력도 중요했지만 정치적인 이유도 고려한 결혼제도였다. 서류심사에서 통과한 후보자들은 왕과 왕비를 비롯한 궁녀들 앞에서 총 세 차례의 면접을 보았다. 이를 초간택, 재간택, 삼간택이라 하고, 삼간택을 통과하면 최종 후보가 된다. 최종 후보가 선정되면 '가례도감'이라는 임시 관청이 설치되어 결혼 준비를 시작했다. 가례도감에서는 예식 장소·혼수·혼복 준비, 결혼식 진행 등 모든 결혼 과정을 총괄했다. 그리고 결혼식이 끝나면 전국에 내려졌던 금혼령을 해제하고 가례도감도 해체되었다.

태종의 딸 정신옹주의 중매 퇴짜 사건으로 왕족에 한해 간택제도라는 특별한 결혼제도가 마련되었다. 감히 옹주의 출신이 천하다고 결혼을 거절한 이속은 노비로 전락했고, 정신옹주를 받아들인 윤향은 높은 관직과 재물까지 받았다. 순간의 선택으로 두 사람의 삶이 양 극단으로 치달았지만, 신분이란 한계에 갇혀 코앞의 불행을 감지하지 못한 어리석음을 보여주는 사례이기도 하다.

참고 자료

『조선 공주의 사생활』(최향미 지음, 북성재) / 「왕녀, 시집가다」(신명호, 《월간 문화재 사랑》) / 「공주의 삶」(한희숙, 《월간 문화재》) / 「왕자와 공주의 살림나기」(정수환 지음, 《2019 선잠아카데미자료집》) / 「조선 왕실 공주 옹주의 생활」(국립고궁박물관, 《학술연구용역 결과 보고서》) / 정신옹주, 나무위키 / 가례도감, 한국민족문화대백과사전) / 부마도위, 위키백과 / 『조선왕조실록』(태종실록 34권, 태종 17년 9월 2일)

'난장판'의 유래가 된
과거 시험 풍경

조선시대 과거 시험은 오늘날 수능과 공무원 시험을 합쳐놓은 것과 같다. 과거 시험은 양반 신분을 유지할 수 있는 길이어서 많은 사람이 일생을 바쳐가며 여기에 매달렸다. 그러다 보니 경쟁은 치열해졌고 합격을 위한 다양한 방책이 나타났다. 과외는 물론이거니와 족집게 문제집이 있었고, 부정행위도 널리 행해졌다. 게다가 한때는 응시자와 대리 시험자들이 시험장에 한꺼번에 몰리면서 깔려 죽는 사고까지 일어났다. 난장판이란 말이 당시 과거 시험장의 상황에서 유래했다. 조선시대 과거 시험이 대체 어떠했길래 난장판이라는 말까지 나왔을까?

부모들의 교육 열정을 '맹모삼천지교'로 표현하기도 한다. 중국 유학자인 맹자를 길러낸 어머니의 교육 방침을 본받자는 의미에서 회자되는 말이다. 맹자의 어머니는 자식 교육을 위해 세 번이나 이사를 했다. 그만큼 교육에는 환경이 중요하다는 가르침이다. 과거나 현재나 자식에 대한 교육 열정은 비슷해 보인다. 요즘 아이들은 입시를 위해 학교와 학원을 오가는 생활이 전부다. 그런데 우리나라의 입시학원 광풍은 최근에 생긴 것이 아니다. 고려시대 유학자이자 정치가였던 최충(984~1068)이 관직에서 물러나 설립한 구재학당(九齋學堂)이 일종의 입시학원이었다. 구재학당은 실력에 따라 9개 반으로 나뉘었는데 초급반 공부를 마쳐야 중급반으로 진급할 수 있었다. 오늘날과 비교하면 특목고, 자사고, 유명 입시학원에 해당한다. 구재학당을 거친 동문끼리는 관리 조직에서 학연을 이루기도 했다. 고려시대에 이런 사교육이 유행했던 이유는 과거 때문이었다. 공무원이 되는 길, 즉 관직에 올라 성공하는 길이 전근대사회에서는 과거제도였기 때문이다.

과거제도는 고려 4대 왕인 광종(재위 949~975) 때 중국에서 귀화한 쌍기의 건의로 시작되었다. 관리를 공평하게 뽑기 위한 제도로 일종의 공무원 시험이었다. 그래서 귀족 중심의 고려시대보다 양반 중심의 조선시대에 더 중시되었다. 고려의 귀족은 신분이 세습되었으나 조선의 양반은 신분을 세습하려면 과거를 거쳐 관직에 올라야 했기 때문이다. 4대까지 관직에 오른 자가 없으면 양반 대접을 받기 어려웠는데, 실제로는 친척 또는 혼인 관계 등을 통해 직계 아닌 방계로 엮어 관직에 오른 자가 있으면 양반 신분을 유지할 수 있었다. 즉, 조선시대의 과거 급제는 가문의 존폐를 좌우할 만큼 중요했다. 과거 시험은 광대나 노비 같은 천민만 빼고 양인 이상이면 누구나 볼 수 있었지만 실제로는 양반이 주로 응시했다. 평민들은 먹고살기가 힘들어서 공부할 시간이 없었기 때문이다.

조선시대에 과거 합격은 개인을 넘어 가문의 운명이 달린 인생 최대의 과업이었다. 그래서 오늘날과 같은 족집게 강사뿐 아니라 모의고사 문제집도 생겨났다. 심지어 기출문제집 형태의 '과거 시험 문제집'까지 등장했다. 이는 과거 시험에서 자주 출제되는 문제들만 골라서 뽑아 놓은 것이다. 창의적인 답을 요구하는 논술형 문제를 출제하는 과거 시험에서 어떻게 예상문제집이 나올 수 있었을까? 모든 시험은 경쟁을 위한 수단이고, 경쟁률이 높을수록 더 많은 탈락자가 나온다. 탈락자들의 불만을 최소화하려면 채점에서 공정성 시비가 붙지 않아야 한다. 그래서 시험 문제를 유형화할 필요가 있었다. 이런

과거 시험 재현 모습

이유 등으로 답이 확실한 기출문제가 비슷한 유형으로 자주
출제되었던 것이다.

조선시대 과거 시험 경쟁률은 전기에는 10 대 1, 20 대 1 정
도였으나 후기로 갈수록 양반 수가 늘어나면서 1,000 대 1을
훌쩍 넘기기도 했다. 이처럼 치열한 경쟁률을 뚫고 합격하려
면 기출문제, 예상문제, 모범답안 등을 이용한 효율적인 요령
과 기술이 필요했다. 그래서 당시에는 과거 시험 예상문제집
인 '초집(抄集)'이 있었다. 오늘날로 보면 참고서라고 할 수 있
다. 전근대사회였으나 치열하게 경쟁하는 모습은 오늘날과 비
슷해 보인다.

조선시대 과거 시험에도 부정행위가 있었을까? 유교 윤리

에 어긋나는 행위이므로 많지 않았을 것 같지만 정반대였다. 특히 경쟁이 치열해지는 조선 후기로 가면 과거 시험장에서의 부정행위는 과거 시험 무용론이 나올 정도로 대단했다. 과거 시험에서의 부정행위와 관련해 생긴 말이 난장판이다. 난장판은 '여러 사람이 어지러이 뒤섞여 떠들어대거나 뒤엉켜 뒤죽박죽이 된 곳, 또는 그런 상태'를 뜻한다. 과거 시험이 주로 치러졌던 곳은 성균관 명륜당이었다. 이곳에서 정조(재위 1776~1800) 때 한양 인구의 절반인 10만 명이 과거 시험을 치르기도 했다. 이것이 제대로 통제될 리 없었고 이런 상황을 빗대어 난장판이란 말이 나왔다. 즉, 과거 시험장에 선비들이 뒤죽박죽 질서 없이 모여 부정을 저지르는 마당이란 뜻이다. 숙종(재위 1674~1720) 때 성균관 명륜당에서 실시된 시험장에 응시자와 답안을 작성해주는 사람들이 일시에 몰리면서 다치거나 밟혀 죽는 일까지 벌어져 사회문제가 되기도 했다.

조선 후기 실학자 박제가(1750~1805)는 『북학의』에서 과거 시험장에 대해 "유생이 물과 불, 짐바리와 같은 물건을 시험장 안으로 들여오고, 힘센 무인들이 들어오며, 심부름하는 노비들이 들어오고, 술 파는 장사치까지 들어오니 과거 보는 뜰이 비좁지 않을 이치가 어디에 있으며, 마당이 뒤죽박죽이 안 될 이치가 어디에 있겠는가?"라며 한탄했다. 공정하게 치러야 할 시험장에 다른 사람들까지 입장할 정도로 당시 과거 시험장은 온갖 부정과 비리가 난무했다. 시험지 바꿔치기, 예상 답안지 미리 만들어 가기, 합격자 이름 바꿔치기, 채점자와 짜고 후한 점수 받기 등이 비일비재했다. 심지어는 시험 주제를 미리 알고 대필해서 작성한 답안지를 시험장에 넘겨주기도 했다.

풍속화가인 단원 김홍도가 그린 〈공원춘효도〉에는 커다란 우산 아래에 5~6명이 옹기종기 모여 앉아 있다. 과거 시험을 보러 온 수험생 곁에 시험을 도와주는 사람들과 시중드는 사람들이 버젓이 함께 있는 모습이다. 성균관 입교 자격을 얻는 소과 시험장이 아니라 장날 시장통에 모인 사람들이라고 해도 전혀 어색하지 않다. 소과 시험은 오늘날로 치면 대학입학 자격을 가늠하는 수능시험과 9급 공무원 시험을 합쳐놓은 것이다.

그런데 조선 후기로 갈수록 과거 시험의 부정행위보다 더 큰 문제가 생겨났다. 과거 시험에 합격해도 관직을 얻을 수 없다는 것이다. 『조선왕조실록』과 『승정원일기』에 따르면, 1800년(정조 24)에만 과거 시험에 21만 5,417명이 응시했다. 이틀에 걸쳐 치러지긴 했지만, 그 인원이 모두 한양으로 몰려와 난장판을 이루었을 것이다. 18세기 실학자 이익은 『성호사설』에서 "과거 문과에 급제해도 벼슬자리는 500개에 불과해 합격자들이 갈 곳이 없어 관직을 얻으려고 갖은 방법을 동원

과거장에서의 부정행위 모습.
김홍도가 그린 〈공원춘효도〉

하고 돈이나 재물로 벼슬을 산다"고 기록했다. 과거 시험 자체
도 부정이 많았지만 합격해도 관리가 되기 위해 또 부정을 저
지르는 모습을 보고 어찌 선비라고 말할 수 있을까. 하지만 많
은 과거 합격자가 관직을 받지 못했고, 관직을 받으려면 세도

가에게 뇌물을 주어야 했다. 특히 19세기 세도정치기에는 관직을 사고파는 매관매직이 성행했다. 매관매직이 성행할수록 백성을 수탈하는 관리도 많아졌다. 그럴 수밖에 없는 것이 관직을 얻기 위해 들인 돈을 다시 뽑아야 했기 때문이다. 그래서 19세기에는 탐관오리들에게 대항해 들풀처럼 농민 항쟁이 번져갈 수밖에 없었다.

참고 자료

『알아두면 잘난 척하기 딱 좋은 우리 역사문화사전』(민병덕 지음, 노마드) / 『과거 시험이 전 세계 역사를 바꿨다고?』(이상권 지음, 특별한 서재) / 『B급 한국사』(김상훈 지음, 행복한작업실) / 『단어로 읽는 5분 한국사』(김영훈 지음, 글담출판) / 『학교에서 가르쳐주지 못한 우리 역사』(원유상 지음, 좋은날들) / 『말문을 열어주는 이야기 창고』(홍영애 등 지음, 북라인) / 「난장판은 조선 과거 시험장에서 유래됐다」(노주석 글, 《서울&》, 2018.10.11)

조선 사람들은
왜 한양을 몰랐을까?

한양은 조선 왕조 500년 동안 수도였고, 지금은 이름만 바뀌었을 뿐 대한민국의 수도 '서울'로 이어져왔다. 그런데 조선시대 사람들은 '한양'이라는 이름을 몰랐다. 대중 매체가 발달하지 않은 시대였지만 정말 조선 사람들이 수도 한양을 몰랐을까?

조선 사람들이 수도 이름이 한양인 것을 몰랐다는 증거가 있다. 1868년 독일 상인 오페르트(Ernst Jacob Oppert, 1832~1903)는 조선 조정에 무역 허가를 요청했으나 거절당하자 흥선대원군(1820~1898)의 아버지인 남연군 묘를 도굴하려고 한다. 다

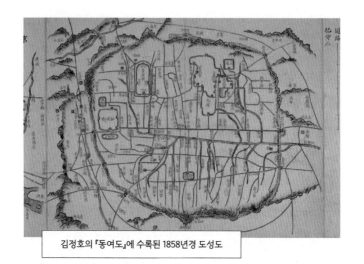

김정호의 『동여도』에 수록된 1858년경 도성도

행히 이 사건은 미수에서 그쳤고 그는 독일로 돌아가 1880년
에 『금단의 나라 조선』이라는 책을 발간한다. 이 책에 따르면,
조선인들에게 한양 가는 길을 물었는데 다들 한양이라는 명
칭을 알아듣지 못해 어렵게 '서울'이라고 발음해 물으니, "아~
서울!"이라고 말했다고 한다. 이것만으로 조선 사람이 한양을
몰랐다고 단정짓기는 어렵다. 오페르트가 어쩌다가 한양이란
지명을 모르는 사람에게 물어본 것일 수도 있기 때문이다.

   그런데 당시 조선 사람이 한양은 모르면서 어떻게 서울이란
지명을 알고 있었을까? 사전에서 서울을 찾아보면 "한 나라
의 중앙 정부가 있고, 경제, 문화, 정치 등에서 가장 중심이 되

는 도시"라고 나온다. 즉, '서울'이라는 단어는 원래 한 나라의 수도를 뜻하는 '일반명사'였다. 오늘날 대한민국 수도 '서울'은 일반명사가 아니라 고유명사인 지명이 되었다. 미국의 워싱턴, 중국의 베이징처럼 말이다. 하지만 조선시대의 서울은 수도를 뜻하는 일반명사로 통했다. 그래서 한양을 수도란 의미에서 서울로 불렀던 것이다. 또 한양은 경도, 경성, 한성 등 다양하게 불렸다.

조선시대에 서울이 수도를 의미하는 말로 쓰였다는 걸 알 수 있는 기록이 있다. 16세기에 어문학자 최세진(1468~1542)이 어린이들의 한자 학습을 위해 지은 『훈몽자회』에는 한 나라의 수도를 뜻하는 한자인 서울 경(京)이 '셔울'이라고 적혀 있다. 즉, 한자 경(京)은 당시에 우리말로 서울로 읽었다는 것을 알 수 있다. 이것으로 보아 서울은 '수도'를 의미하는 순우리말이었고, 조선 건국 초부터 한양은 서울로 불렸음을 알 수 있다.

서울의 어원에 대해서는 여러 가지 설이 있다. 그중 신라 수도인 경주를 가리키는 말이었던 서라벌, 서나벌, 서벌, 서야벌 등이 수도를 뜻하는 서울로 변했다는 설이 가장 일반적이다. 서라벌이 조선시대에 와서 어떻게 변했는지는 훈민정음 창제 후 쓰인 〈용비어천가〉에 수도를 '셔블'로 표기한 데

서 알 수 있다. 〈용비어천가〉는 세종(재위 1418~1450) 때 한글
로 지은 것으로 조선 왕조의 창업을 칭송한 악장이다. 영조(재
위 1724~1776) 때 편찬된 유득공(1748~1807)의 〈21도 회고시〉
에도 서울이 나온다. 이는 단군조선부터 고려 때까지의 고도
(古都) 21곳을 시로 회고한 시집으로, 신라 편에 수록된 작품
에 "진한(辰韓) 육부(六部)에 가을 연기 맑았으니 / 서울의 번
화한 것 상상할 수 있다"는 내용이 있다. 유득공은 이 시를 노래
한 후 "서울은 『문헌비고』에 이르기를 신라의 국호는 서야벌(徐
耶伐)인데 후대 사람들이 경도를 말하려면 서벌(徐伐)이라 하여,
이 말이 차츰 변하여 서울이 되었다"는 해제를 달아놓았다.

19세기 조선에 왔던 독일인 오페르트는 서울이라는 지명을
어떻게 알았을까? 그는 교역을 하기 위해 조선에 왔으므로 조
선에 대해 지명 정도는 알고 있었을 것이다. 보통은 정식 명칭
인 한성 또는 한양 정도는 알았을 테지만, 조선에서만 사용하
는 고유어인 서울이란 이름까지 알고 있었다. 그것은 이미 유
럽에 서울이란 지명이 알려졌다는 것을 의미한다. 이는 『하멜
표류기』의 저자 헨드릭 하멜(Hendrik Hamel, 1630~1692) 때문일
것이다. 하멜은 효종(재위 1649~1659) 때인 1653년에 일본 나
가사키를 향해 항해하다가 제주도에 표류한 네덜란드 선원이
다. 그는 13년간 조선에 억류되었다가 탈출한 후 1668년 고향

으로 돌아가 『하멜표류기』를 저술했다. 이 책은 그가 조선에 있는 동안 쓴 일지를 바탕으로 저술한 것으로, 'Sior'라는 명칭이 적혀 있다. 내용을 일부 보면, "We crossed this river after which we arrived around 1 mijl further at a big walled city. This is Sior(Seoul), the residence of the king"[우리는 강을 건너기 위해 배를 탔으며, 말을 타고 1밀렌 정도 가니까 서울(Sior: 시올)이라 부르는 성벽에 둘러싸인 굉장히 큰 도시에 도착했습니다. 여기에 국왕의 저택이 있습니다]라고 적혀 있다. 하멜이 기록한 글이 1668년 발간되면서 한반도 사정이 서양 세계에 알려지기 시작했다. 이후 서양에서 제작된 지도를 보면 한반도 중앙에 시올(Sior)이라 쓰여 있는데, 이것이 서울을 표기한 것으로 보인다. 독일인 오페르트도 『하멜표류기』 등을 통해 서울을 알았을 것이다.

한양은 신라 때까지는 한산주, 한주로 불리다가 고려 때 양주로 개칭되었고, 고려 문종 때 3경 중 하나인 남경으로 승격되었다. 원 간섭기에는 남경이 폐지되고 한양부가 설치되었다. 조선에 와서는 수도가 되면서 한성부가 공식 명칭이었으나 이전 지명인 한양으로도 불렸고, 수도를 가리키는 서울, 경성, 경도 등으로도 불렸다. 따라서 한양이란 지명은 고려시대에 불렸던 이전 지명인 셈이다. 조선 초기에는 한양으로도 불릴 수 있었지만 시간이 흐르면서 한양보다는 정식 명칭인 한성 또는 수도를 가리키는 서울이 더 많이 사용된 것 같다. 따라서 한양은 통상적인 지명으로 사용된 것이 아닌 듯하다. 그러므로 조선 후기 사람들이 한양이 어디인지 잘 몰랐다는 것은 어쩌면 당연하다. 일제강점기에 와서 한양은 '경성부'로 불리다가 해방 후 서울이 정식 명칭이 되었다.

오늘날 우리에게는 친근한 한양이란 지명이 과거 조선인에게는 낯선 지명일 수 있었다. 텔레비전 드라마에서 한양을 자주 접하면서 현대인에게는 한양이 조선시대 지명으로 익숙해진 것이다. 서울은 지금까지 600년 넘게 한반도의 수도 역할을 해왔다. 근대화와 개발 정책에 힘입어 정치, 경제, 문화, 교육을 주도하고, 인구 1,000만 명에 달하는 대도시가 되었다.

참고 자료

『금단의 나라 조선』 (E.J.오페르트 지음, 원본 1880년 출간) / 『읽고 나면 입이 근질근질해지는 한국사』(정훈이 지음, 생각의길) / 경(京), 나무위키 / 「하멜표류기가 나오면서 'Sior'(서울) 지도에 표시」(한수당연구원 블로그) / 「서울(Seoul) 지명의 유래」(두 가지 한국사 블로그) / 한양, 나무위키 / 「서울 명칭의 유래」(서울역사편찬원)

성균관의 하루는 어땠을까?

해마다 11월이면 온 국민의 관심을 받는 날이 있다. 대학으로 가는 첫 관문인 수능일이다. 매년 수능일은 모든 뉴스에서 보도할 만큼 전 국민의 관심거리다. 과거에도 수능 같은 시험이 있었는데, 조선시대 과거 시험이다. 과거 시험은 관리를 뽑는 시험이므로 공무원 시험과 유사하다고 볼 수 있으나, 수능 시험의 성격도 있다. 왜냐하면 조선 최고의 국립 대학인 성균관에 들어갈 자격도 주어지는 시험이기 때문이다. 오늘날 대학과 비교했을 때 조선의 성균관은 어떠했을까?

조선 최고의 국립대학인 성균관에는 누가 어떻게 들어갈 수

성균관 내 강의실 명륜당

있었을까? 다양한 경로가 있는데, 가장 인정받는 경로가 과거 1차 시험에 합격하는 것이다. 조선시대 과거 시험은 문관을 뽑는 문과, 무관을 뽑는 무과, 기술직을 뽑는 잡과로 나뉘었다. 성균관은 문관을 배출하기 위해 유학을 가르치는 곳이므로 문과에 지망해야 한다. 문과 시험은 1차인 소과와 2차인 대과로 나뉜다. 대과 시험에 합격해야만 관직에 오를 수 있다. 소과에는 생원시와 진사시가 있다. 생원진사시에 합격하면 대과에 응시할 수 있고 성균관에 들어올 수 있는 자격이 주어진다. 이 생원진사시가 오늘날 수능과 유사하다. 생원시는 논술 전형, 진사시는 문예 창작 전형으로, 둘 중 자신 있는 것을 선택해서 시험을 칠 수 있었다. 생원진사시는 경쟁률이 높은 것으로 유명한데, 최종 합격생이 각 100명씩 200명밖에 안 되기 때문이다. 그 뒤로 합격자 수를 여러 차례 늘리기도 하고 줄이기도 했다.

생원진사시 합격자에게는 '백패'라는 합격증을 주었는데, 이것만 있으면 성균관에 입학할 수 있었다. 그런데 시험에 합격했다고 해서 성균관에 갈 의무는 없었다. 생원진사시에 합격하면 양반으로서 공인된 지위를 확보하고 선비로서 위신을 누릴 수 있기 때문에 가문의 영광이었다. 영예로운 일이어서 나이 50이 넘는 고령자도 많이 지원했다. 그래서 생원진사시 합격자 평균연령이 대과 급제자 평균연령보다 높았다. 생원진사시 합격자 중 극히 일부만 하급 관리로 취업했다. 일부는 입신양명(立身揚名)하겠다는 뜻을 품고, 고위급 관리가 되기 위해 대과에 도전했는데 대과를 보기 위해 성균관에 들어가 공부했다.

당시 성균관 재학생 총정원은 200명으로 전원이 기숙사 생활을 했다. 국립대학답게 기숙사비, 등록금, 식비, 문구류 모두 공짜였으니 전원 장학생인 셈이다. 생원진사시에 합격해 입학한 학생들이 정규 학생이었으며, 이들을 상재생이라 불렀다. 이들만으로는 정원 미달이어서 따로 학생들을 충원했는데, 이들은 하재생이라 했다. 하재생은 소정의 시험을 치러 합격한 사람이거나 고급 관료의 자제들이었다.

성균관에 입학하는 과정은 매우 까다롭고 어려웠다. 고급 관료의 자제가 아니라면 말이다. 이렇게 힘들게 들어온 학교 생활은 어떠했을까? 성균관의 하루는 북소리로 시작한다. 새벽에 북소리가 한 번 나면 일어나고, 두 번째 북소리가 나면 옷차림을 반듯이 하고 책을 읽어야 한다. 세 번째 북소리가 나면 모두 진사 식당에 가서 식사를 했는데, 이때 출석을 확인해 기록했다. 그런데 학식으로 나오는 밥이 너무 빈약해서 자퇴하겠다는 유생들도 있었다. 그래도 아침밥과 저녁밥을 다 먹으면 출석점수 1점을 주고, 300점을 채우면 문과에 응시할 수 있는 자격을 주었기에 식사 참가는 매우 중요했다.

공부 하면 으레 시험이 따르기 마련인데, 성균관 유생들도 수많은 시험을 치렀다. 이들이 치르는 시험은 매일 무작위로 치는 시험부터 10일마다 치는 작문시험, 월말시험, 중간고사와 기말고사까지 있었다. 심지어 임금이 성균관에 와서 즉석 과거 시험을 보는 경우도 있었다. 한 번은 정조(재위 1776~1800)가 성균관 특별 시험을 치르면서 문제를 냈는데, 이 문제가 너무 어려워 유생들이 백지를 냈다. 이에 화가 난 정조는 유생들에게 직접 경고장을 내리기도 했다. 시도 때도 없이 시험에 짓눌려 살았을 유생들이지만 나름 낭만도 있고 꿈도 있었으며, 젊은 한때를 성균관에서 보낸다는 것은 큰 특혜였다. 미래가 보장된 엘리트였으니 말이다. 성균관 유생들에게는 관리 등용문인 과거 시험을 치를 때 특혜가 주어졌다. 과거 시험은 일반적으로 식년시라고 해서 3년에 한 번 열렸다. 물론 그 사이사이에 특별한 일 등이 생기면 치러지는 별시, 증광시, 알성시 등이 있었다. 이 중 알성시가 봄과 가을에 국왕이 문묘 제례를 올리면서 성균관 유생들을 대상으로 치르는 특별 시험이다.

성균관 유생들도 오늘날 학생회와 같은 '재회(齋會)'라는 자치 기구를 조직했다. 학내 문제나 사회·정치적 문제에 대해 유교 윤리에 어긋났다고 생각되면 유생들이 모여 시위를 했다. 시위는 그때그때 달랐지만 재회가 이끌기도 하고 시위를 제기한 유생이 이끌기도 했다. 대개는 상재생이 주도했고 안건이 과반수로 통과되면 시위로 옮겼다. 이를 반대하는 자는 재회에서 처벌하기도 했는데, 개인 행동은 용납하지 않겠다는 것이다. 시위에는 여러 절차가 있었다. 먼저 왕에게 소장을 제기하고 대궐 앞에 앉아 왕의 대답을 기다린다. 왕의 대답이 시원찮을 때 본격적인 시위가 시작되었다. 수업과 식사를 거부하며 동맹 휴학에 돌입하는 권당(捲堂), 집단 휴학을 하고 집으로 돌아가는 공관(空官) 등이 있었다. 조선 조정은 유생들의 시위를 굳이 막지 않았다. 유생들의 사기를 진작하는 것이 국가의 힘을 기르는 것으로 보았기 때문이다. 유생들의 시위는 후기로 갈수록 변질되어 권세가의 이권에 개입하는 경향도 보였다.

그럼 성균관 유생들은 언제 졸업했을까? 졸업은 기한이 정해져 있지 않았고 대과에 급제하면 졸업할 수 있었다. 대과에 급제하지 못해 오랫동안 남아 있는 유생들에게는 퇴교 명령이 떨어지기도 했다. 보통 과거에 합격하는 나이가 30~40세 정도였으니 성균관 유생들의 나이는 오늘날 대학생들보다 많았다. 당시 성균관 유생들의 평균 나이는 34.5세였고, 대부분 처자식이 있는 30대 가장들이었다. 전력을 다해 대과를 준비할 수밖에 없는 나이였다. 그럼에도 불구하고 목숨을 걸고 시위에 나서며 진리를 위해 옳은 일을 하려 했다는 것은 큰 용기로 보인다.

참고 자료

「조선 최고의 국립교육기관, 성균관」(교육부 공식 블로그, 2020.08.10) / 「성균관, 최고의 유학교육기관」(우리역사넷) / 성균관, 위키백과 / 생원진사시, 두산백과 / 조선 시대 시험과 출세, 네이버캐스트 / 『뜻밖의 한국사』(김경훈 지음, 페이퍼로드)

우리 역사에 두 번
등장하는 코끼리

코끼리는 우리나라에 자생하지 않는 동물이지만 과거에 두 차례 인연을 맺은 적이 있다. 요즘에는 흔히 볼 수 있지만 전근대사회에서 밀림 지대에 살았던 코끼리를 어떻게 볼 수 있었을까? 첫 번째 인연은 조선 전기 때 일본에서 보낸 선물이 코끼리였다. 조선 사람들에겐 엄청 신기한 동물이었던 코끼리는 문제를 일으켜 귀양까지 가는 수난을 겪었다. 두 번째 인연은 일제강점기에 일본이 순종을 위해 들여온 창경궁의 코끼리였다. 나라를 빼앗긴 시점에 또다시 코끼리를 맞이했다. 두 차례 모두 일본이란 연결고리가 있었다.

코끼리는 낯선 동물임에도 조선시대에 이름이 있었다. '코길이'로 부르다가 코끼리로 변화된 듯 보인다. 우리나라에 서식하지 않았다고 해서 코끼리를 모른다고 할 수는 없다. 불교를 수용하면서 코끼리라는 존재도 알게 되었다. 코끼리는 불교에서 신성시하는 동물이다. 특히 하얀 코끼리를 가장 성스러운 동물로 숭배한다. 까닭은 부처의 어머니인 마야부인이 상아 여섯 개가 달린 하얀 코끼리가 겨드랑이로 들어오는 태몽을 꾸고 부처를 잉태했기 때문이다. 우리나라 불교 사찰에

엄마와 아기 코끼리

가면 부처의 일생을 그린 팔상도에서 코끼리 그림을 발견할 수 있다. 그리고 유물에서도 코끼리를 볼 수 있다. 백제금동대향로에는 다양한 인물상과 동물상이 조각되어 있는데, 하단 부분에 코끼리를 탄 선인의 모습이 부조되어 있다. 이 향로에는 도교의 신선 사상뿐만 아니라 연꽃과 코끼리를 통해 불교 사상도 깃들어 있다는 것을 알 수 있다.

이렇듯 코끼리는 조선시대에 아주 낯선 동물이 아니었을 수 있다. 하지만 실물로 보는 것은 처음이었을 것이다. 1411년(태종 11), 일본 무로마치 막부의 4대 쇼군인 아시카가 요시모치(재위 1394~1422)가 조선 태종(재위 1400~1418)에게 코끼리를 선물로 바쳤다. 고려 말 일어났던 왜구들이 당시까지 외교 문제로 비화되고 있었는데, 일본 쇼군이 조선과 일본의 관계 개선을 위해 보낸 선물이었다. 이렇게 해서 한반도 땅에 최초로 코끼리가 들어왔다. 삼군부의 관리 아래 마구와 목축을 관장하는 사복시에서 코끼리를 맡았다. 『태종실록』에는 "코끼리는 우리나라에 일찍이 없는 것이다. 명하여 사복시에서 기르게 하니, 날마다 콩 4·5두씩을 소비했다"고 기록돼 있다. 1412년 공조판서 이우가 사복시에서 관리하는 코끼리를 보러 갔다. 거대한 코끼리를 본 이우가 "뭐 저런 추한 몰골이 있냐"고 하면서 비웃고 침을 뱉었다. 이에 놀란 코끼리가 이우를 밟아 죽이는 사건이 벌어졌다.

조정에서는 살인을 저지른 동물을 벌주어야 한다는 상소가
빗발쳤고, 결국 코끼리에게 살인죄를 적용해 귀양을 보내라
는 판결이 내렸다. 코끼리는 전라도 순천부 장도로 유배를 갔
다. 장도는 전라남도 여수시 율촌면에 딸린 섬으로, 현재는 육
지가 된 곳이다. 그로부터 6개월 후 전라도 관찰사는 태종에
게 "코끼리가 좀체 먹지 않아 날로 수척해지고…… 사람을 보
면 눈물을 흘립니다"라는 상소문을 올린다. 이를 불쌍히 여긴
태종은 코끼리를 유배지에서 다시 전라도의 육지로 돌아오게
했다. 하지만 하루에 쌀 2말과 콩 1말을 먹는 코끼리 사육은
골칫덩어리였다. 그래서 전라도 관찰사가 아이디어를 내어 충
청도, 전라도, 경상도가 번갈아 기르는 '3도 순번 사육'을 하게
되었다. 코끼리가 많이 먹는다고 해서 3도를 번갈아 다니면서
살아야 할 만큼 큰 문제였을까.

코끼리를 키우는 데 많은 사육비가 든다는 것과 관련된 일
화가 있다. 고대 태국에서는 왕이 마음에 들지 않는 신하에게
하얀 코끼리를 하사했다고 한다. 원래 태국에서 하얀 코끼리
는 신적인 존재로 여겨 일을 시킬 수도 없었다. 게다가 왕이
하사한 선물을 굶겨 죽일 수도 없었던 신하는 코끼리 먹이 비
용을 감당하지 못해 결국 파산하고 말았다. 왕은 신하를 골탕

먹이고 파산시키려고 '하얀 코끼리'를 선물한 것이다. 이 일화에서 유래한 말이 있다. 바로 'White Elephant'이다. 현대에서는 하얀 코끼리(White Elephant)는 돈만 많이 들어가고 처치 곤란한 애물단지를 일컫는 용어로 사용된다.

사육비 때문에 3도를 떠돌던 코끼리는 1421년(세종 3년)에 또 사고를 쳤다. 충남 공주에서 사육사가 코끼리 발에 밟혀 사망하는 사건이 벌어진 것이다. 충청도 관찰사는 다시 코끼리를 섬으로 유배 보내자는 상소를 올렸고, 이에 세종(재위 1418~1450)은 코끼리를 귀양 보냈다. 아울러 물과 풀이 좋은 곳에 코끼리를 두되 병들어 죽게 하지 말라고 당부했다. 다시 섬으로 귀양을 가게 된 이후 코끼리와 관련된 기록은 남아 있지 않다. 유독 동물을 사랑했다고 알려진 태종과 세종이었지만 마음만으로 기르기에 코끼리는 너무나도 낯선 동물이었다. 코끼리의 수명은 약 60~70년이라고 한다. 이후 오래 살지는 못했을 것으로 보인다.

코끼리와의 두 번째 인연도 일본에서 시작되었다. 일본은 1907년 고종(재위 1863~1907)을 강제로 쫓아내고 순종(재위 1907~1910)을 왕위에 앉혔다. 이때 순종이 거처한 곳이 창경궁이었다. 창경궁은 9대 왕 성종 때 태종이 거처하던 수경궁을 여러 왕후가 살 수 있도록 확대해서 리모델링한 것이다. 1909년에 일본은 순종을 위로한다는 핑계로 창경궁에 있던 전각 일부를 철거하고 식물원과 동물원을 만들었다. 이름도 창경원으로 바꾸어버렸다. 이때 많은 동물을 들여왔는데, 첫 코끼리는 독일의 하겐베크 동물원에서 수입했다. 희귀한 코끼리를 보기 위해 많은 인파가 창경원을 찾았다. 그러나 당시만 해도 이곳에 올 수 있었던 사람들은 일본인들과 중산층 조선인들이었다. 입장료가 만만치 않았을 뿐더러 남루한 옷을 입고 있으면 입장조차 할 수 없었다.

일제가 동물을 앞세워 만든 창경원의 주 목적은 왕실의 궁궐을 훼손해 조선의 민족적 자존감에 상처를 주는 것이었다. 이는 식민지 국민임을 부각하고 전통을 하나씩 없애버리려는 의도였다.

참고 자료

『읽고 나면 입이 근질근질해지는 한국사』(정훈이, 생각의길) / 『교과서 밖 한국사 이야기』(장지현, 미네르바) / 『단어로 읽는 5분 한국사』(김영훈, 글담출판) / 「조선시대 귀양간 코끼리가 있다」(http://naver.me/F2t2cdiZ) / 코끼리, 나무위키 / 「창경원과 식민주의, 일본인-조선인-동물의 위계」(《한겨레》, 2015.03.20) / 창경원, 나무위키 / 「하얀 코끼리와 코끼리 유배 사건」(이기환 글, 《경향신문》, 2017.09.15)

조선 최초의 신문은
《한성순보》가 아니다

　요즘은 종이 신문을 구독하는 일이 드물다. 종이 신문보다는 시간과 장소에 관계없이 원하는 정보와 내용을 클릭해서 볼 수 있는 인터넷 신문이 편하기 때문이다. 민주주의 발전에서 빼놓을 수 없는 것이 언론의 역할이다. 인터넷의 발달로 정보를 제공하는 주체가 늘었지만 폐해도 만만치 않다. 그래도 알아야 할 권리가 지켜질수록 민주주의도 발전한다. 민주주의가 발달하기 이전 신분제 사회였던 조선시대에도 신문이 있었다. 우리나라 최초의 근대 신문은 19세기에 발간된《한성순보》로 알려져 있지만 이보다 앞선 시기에도 신문이 있었다. 제한적이긴 하지만 알 권리를 충족해준 이 신문은 어떤 형식으로 만들어졌을까?

《한성순보》는 1883년 한국인이 발행한 최초의 근대 신문으로, 정부의 정책과 개화사상을 담고 있었다. 그런데 조선에는 《한성순보》 이전에도 신문이 있었다. 이 신문은 폭 35센티미터, 길이는 일정치 않은 낱장의 종이에 초서체로 쓰인 것으로, 조선 최초의 신문 《조보(朝報)》다.

《조보》는 미국의 언론학자 미첼 스티븐스(Mitchell Stephens) 교수가 제시한 신문의 조건에 부합한다. 그렇다면 신문의 조

《한성순보》

316

건에 부합되는 조건이란 무엇일까? 첫째, '정기적인 정보 전달'이어야 하는데,《조보》는 매일 아침 승정원에서 발행했다. 둘째, '지면을 채우는 기사의 수가 다양'해야 하는데,《조보》는 천재지변부터 임금의 전교 내용까지 여러 분야의 기사를 수록했다. 셋째, '일관성을 갖춘 일련번호 혹은 형식'이 있어야 하는데,《조보》는 매일 날짜를 표기해 발행했다. 이렇듯《조보》는 신문의 조건에 부합되는 형태를 띠었다.

《조보》는 '조정의 소식'이란 의미로, 기별, 기별지 등으로도 불렸다. 신라시대 때부터 있었다고 하나 남아 있는 것은 조선 11대 왕 중종(재위 1506~1544) 때부터다.《조보》는 매일 아침 왕의 비서기관인 승정원에서 발행했다. 승정원은 왕명의 출납과 상소문 등 갖가지 문서가 거쳐 가는 곳이다. 이곳에서 많은 자료를 수집해 기사를 작성했고, 매일 이른 아침에 기별서리라고 불리는 각 관청에서 나온 관리들 앞에서 작성한 기사를 발표했다. 기별서리는 기사를 보고 베껴 써야 했는데, 이때 사용한 서체를 초서체 또는 기별체라고 한다. 기별서리는 소속 관청으로 가서 필요한 만큼 더 필사해 산하 관청 또는 고위 관리들에게 배달했다.《조보》를 배달하는 사람을 기별군사라고 했는데, 이들 덕분에 멀리 변방에 있거나 귀양 간 사람들도《조보》를 읽을 수 있었다.

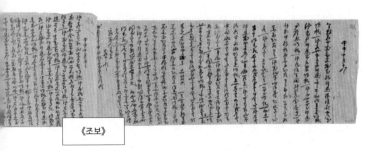

《조보》

《조보》에는 관리의 임명과 파면, 이동, 승진 등 인사 동정 기사가 가장 많았고 그 외 왕의 동정, 날씨·기상, 농사, 범죄, 중국과 일본 소식 등 갖가지 기사가 실렸다. 기사 내용은 정치인들에게는 중요한 사안이라서 빼거나 싣는 데 신중했으며 보도지침도 있었다. 국방이나 군사 기밀, 외교 관련 사항 등은 싣지 못했다. 그런데 인쇄술이 발달한 조선에서 왜 베껴 썼을까? 대량유통을 원치 않았기 때문이다. 《조보》의 독자층은 왕과 서울의 고위 관리, 전국의 관리들과 몇몇 양반이었다. 즉, 나라 돌아가는 상황은 아주 극소수만 알아야 하고 그 외 사람들까지 알면 안 된다고 본 것이다. 그래서 손쉬운 인쇄술을 이용하지 않고 필사를 했던 것으로 보인다. 이와 관련된 사건이 선조(재위 1567~1608) 때 있었다.

1577년(선조10)에 《조보》를 인쇄해 팔다가 적발되어 형벌까지 받은 사건이었다. 도성의 벼슬 없는 식자층 무리가 《조보》

를 활자로 발행하게 해달라는 청원서를 의정부에 올렸고, 의정부는 사헌부와 논의 끝에 발행을 허가했다. 이들은 목판 활자를 이용해 대량 인쇄한 후 돈을 받고 판매했는데 도성 안 사대부들이 앞다투어 구독했다. 이로써 조선 최초로 활자 인쇄본 신문인《조보》가 탄생했다.

그런데 활자 인쇄본《조보》를 왕에게 보고하지 않았는데, 뒤늦게 선조가 알게 되었다. 『조선왕조실록』에는 선조가 사실을 알고 나서 '누가 이 일을 주장했는가'라고 진노했다는 기록이 있다. 선조는 백성들에게 조정의 일이 알려지는 것을 극도로 꺼렸다. 이로 인해《조보》인쇄를 허락한 관리들은 모두 의금부에 끌려가 극심한 문초를 겪었다. 이로써 백성들의 신문 제작은 3개월 만에 막을 내렸고, 이 사건 후《조보》인쇄는 완전히 금지되었다.

활판 인쇄는 3개월 만에 막을 내렸지만《조보》는 1650년 발행되어 세계 최초의 활자 신문으로 알려진 독일의 아이코멘데 차이퉁(Einkommende Zeitung)보다 80년 정도 앞선 신문이다. 이 활판 인쇄본《조보》는 2017년 4월 경북 영천에서 실물이 발견되어 그 의의가 커졌다. 전근대사회여서 일부 특권 계급만 볼 수 있었던 신문이지만 우리의 선조들은 알 권리를 위해 끊임없이 정책과 사건, 사고 등 다양한 소식을 전하고자 했다.

조선은 기록의 나라라고 불릴 만큼 많은 것을 기록으로 남겨왔다. 그것은 단지 당 시대를 위한 것이라기보다는 미래에 알리고자 했던 의도가 컸으므로 조선이 미래와의 소통을 위해 여러모로 힘써왔다는 것을 알 수 있다.

참고 자료

『한국사 뒷이야기』(박은봉, 실천문학사) / 「최초의 일간 신문 조보 아세요…… 조정 소식 담은 일간지」(《연합뉴스》, 2019.01.08) / 조보, 나무위키 / 조보, 한국민족문화대백과사전 / 「'세계 최초 신문' 조선시대 조보 실물 발견」(《오마이뉴스》, 2017.04.18)

장보고가
재물의 신이 된 까닭

우리나라 바다를 지키던 장군 하면 제일 먼저 이순신 장군이 떠오른다. 통일신라 때도 바다를 무대로 이름을 떨친 명장이 있었으니, 바로 장보고 장군이다. 장보고(?~846)는 어려서 활을 잘 쏜다 해서 궁복(弓福)·궁파(弓巴)로 불렸고, 『삼국사기』에는 중국에서 쓴 한자 '장보고(張保皐)'로 표기하고 있다. 그는 중국 당나라에 건너가 무령군 소장이 되어 활약했으며, 귀국 후 청해진 대사로 임명되어 황해와 남해의 해상권을 장악하고, 당나라와 일본을 왕래하며 국제 무역의 패권을 잡았다. 그런 장보고가 일본에서는 재물을 가져다주는 신으로 추앙받고 있다. 이는 신라의 기록과 달리 일본에서는 장보고의 이름을 '보배 보(寶)' 자에, '높을 고(高)' 자를 써서 기록했기 때문이다. 신라의 장군 장보고가 일본에서 재물을 가져다주는 신으로 추앙받게 된 사연을 알아보자.

장보고는 통일신라 때 태어나 청년 시절 당나라로 건너가서 뛰어난 무술을 인정받아 군인이 되었다. 그러다 828년 신라로 돌아온 그는 신라인들이 해적에게 납치되어 당나라에서 노예로 팔리고 있는 현실을 흥덕왕(재위 826~836)에게 전하고, 해적들을 소탕하기 위한 진영 설치를 요청해 허락받았다. 이후 장보고는 지금의 완도 지역에 청해진을 설치하고, 청해진 대사가 되어 활동하면서 신라인을 해적으로부터 지키는 데 공을 세운다. 또 주변 나라들과의 무역을 통해 많은 이익을 얻어 해상왕으로도 불렸다.

승승장구하던 장보고는 신라 말 왕위 계승 분쟁에 휘말렸다. 신무왕(재위 839~839)을 도와 왕위에 오르게 했으나 그가 갑자기 죽자 그의 아들 문성왕(재위 839~857)의 왕위 계승에도 힘을 실어주었다. 이후 장보고는 왕위 계승을 도와준 대가로 자신의 딸을 왕비로 앉히려 했지만, 진골 귀족들의 반대로 실패하고 만다. 이에 장보고는 반란을 일으키려 했으나 진골 귀족들이 보낸 자객에게 암살당했다.

장보고 대사를 신으로 모시는 일본의 신라 선신당[시가 현 미이데라(三井寺)
에 있음]

일본 교토에는 7가지 복을 가져오는 신을 모신 절과 신사가 있는데, 이곳을 모두 둘러보면 많은 복을 받는다는 속설이 있다. 그중 하나가 '적산선원(赤山禪院)'인데, 장보고를 '적산대명신'으로 추앙한 절이다. 역사학자들은 이렇게 된 직접적인 원인이 장보고가 자신의 재물과 세력을 동원해 일본의 한 스님을 도와준 덕분이라고 본다. 그 스님은 엔닌(圓仁, 794~864)이다. 엔닌은 원래 청익승(請益僧: 단기 유학생)으로 선발돼 일본 사절단과 함께 당에 가게 되었으나 풍랑 등의 이유로 9년간 구법여행을 했다. 엔닌은 출항한 지 1년 뒤인 839년 풍랑을 만나서 더는 항해를 할 수 없게 되자 중국 산둥반도에 신라인들

승려 엔닌

을 위해 장보고가 세운 적산법화원에서 그해 겨울을 지냈다. 이곳의 신라인들은 당시 불교 탄압이 극심한 상황에서 잠입한 엔닌을 숨겨주었을 뿐 아니라 신분을 보증해주는 공험(公驗)을 취득하게 하는 등 엔닌의 구법활동에 막대한 도움을 주었다. 또한 그의 귀국길은 장보고 선단의 도움을 받았다. 엔닌은 일본으로 돌아와 당나라에서의 생활 모습을 담은 『입당구법순례기』를 썼는데, 특히 적산법화원에서 생활할 때 신라인의 도움과 생활 모습을 자세히 소개했다. 이후 엔닌은 당나라에서 가져온 밀교를 일본 귀족들에게 전파했고, 천태종의 본산인 엔랴쿠지의 3대 주지에 올라 일본 불교의 발전에 큰 영향을 끼쳤다.

일본은 예로부터 항해술을 통해 외국과 활발히 교역해서 부를 축적해왔다. 713년에 일본에서 편찬된 역사서 『풍전국풍토기』에 따르면, 일본인은 예부터 신라인을 통해서 해외 진출이나 해상 교역을 할 수 있었으므로 항해의 수호신인 '신라신'을 경외했다는 대목이 나온다. 일본인은 신라인의 도움을 받아 해상 교역을 했고, 그 영향으로 신라신을 섬긴 것으로 보인다. 엔닌도 중국과 일본을 오고 가면서 신라 배를 이용했는데, 당시만 해도 일본의 항해술은 신라보다 한참 못한 수준이었기에 바닷길을 장악한 장보고의 도움을 받지 않으면 안전하게 항해할 수 없었다. 이전부터 일본인들은 항해에서만큼은 신라인의 기술을 받들어 추앙하고 있었다.

엔닌은 장보고에게 "평소에 받들어 모시지 못했으나 오랫동안 고결한 풍모를 들었습니다. 엎드려 흠모함을 더해갑니다."라는 편지를 썼다는 기록을 『입당구법순례기』에 남겼다. 그 뒤 엔닌은 적산법화원에서 받은 은혜를 잊지 못해 일본 교토 히에이산에 엔랴쿠지의 별원으로 '적산선원'을 세웠다. 장보고를 신라명신으로 추앙하고 제자들에게 장보고를 신으로 모실 것을 가르친 것이다. 적산선원은 엔닌이 발원했으나 완성을 보지 못하고 세상을 떠나 그의 제자들에 의해 완성되었다.

지금도 교토와 오사카 지방의 사업가와 상인들 사이에는 장보고에게 참배하면 큰돈을 벌 수 있다는 속설이 전해진다. 상인들은 외상값을 받는 5·10·15일이면 적산선원을 찾아 참배하는 '고토바라이'의 풍습을 지킨다. 매달 5일 적산대명신의 제일(기념일)에 참배하면 사업이 번창하고 외상값 수금이 잘된다는 속설에서 나왔다. 일본의 정신적인 수도인 교토와 그 인근에서 신라라는 이름이 붙어 있는 절, 신사에서 장보고에게 참배하는 일본인을 보면 장보고가 '재물신'이라는 말이 과언이 아닌 듯하다.

참고 자료

「해상왕 장보고 5, 일본에서 '재물신' 된 이유」(《중앙일보》, 2009.10.09) / 「중국 산동적산 법화원에 울려퍼지는 신라인의 노래」(《뉴시스》, 2011.03.19) / 「'해상왕'이 일본 佛法 수호신 '신라명신'으로…… 지장보살 화신」(《매일신문》, 2011.12.16) / 장보고, 위키백과

이미지 출처

28쪽 © Pack-Shot/Shutterstock.com | 32쪽 © bigjom jom/Shutterstock.com | 45
쪽 © AmyLv/Shutterstock.com | 47쪽 © 국립민속박물관 | 76쪽 © Michal Bednarek/
Shutterstock.com | 77쪽 © buchandbee/Shutterstock.com | 87쪽 © Sergej Razvodovskij/
Shutterstock.com | 90쪽 © Marco Rubino/Shutterstock.com | 125쪽 © 국립중앙박물관 |
126쪽 © 국립민속박물관 | 159쪽 © Sheila Fitzgerald/Shutterstock.com | 161쪽 © 4
zevar/Shutterstock.com | 174쪽 © Allison C Bailey/Shutterstock.com | 179쪽 © 국립민
속박물관 | 194쪽 © TravelSH/Shutterstock.com | 202쪽 © acsen/Shutterstock.com | 204
쪽 © Lukrecja / Shutterstock.com | 209쪽 © Alessandro Cristiano/Shutterstock.com
| 218쪽 © JM Travel Photography/Shutterstock.com | 228쪽 왼쪽 © Let Geo Create /
Shutterstock.com | 228쪽 오른쪽 © Colin Hui/Shutterstock.com | 231쪽 © BYUN GSUK
KO/Shutterstock.com | 241쪽 왼쪽 상단 © Julia Star/Shutterstock.com | 241쪽 왼쪽 하단
© sungsyhan/Shutterstock.com | 241쪽 오른쪽 © Anjo Kun/Shutterstock.com | 248쪽 ©
국립민속박물관 | 253쪽 © Johathan21/Shutterstock.com | 254쪽 © 국립민속박물관 |
276쪽 오른쪽 © 국립중앙박물관 | 316쪽 © 국립중앙박물관 | 318쪽 © 국립중앙박물관

EBS 알똑비 시리즈 01

**알면 똑똑해지는
역사 속 비하인드 스토리**

1판 1쇄 발행 2021년 8월 20일
1판 2쇄 발행 2022년 2월 15일

지은이 EBS 오디오 콘텐츠팀

펴낸이 김명중 | **콘텐츠기획센터장** 류재호 | **북&렉처프로젝트팀장** 유규오
책임매니저 최재진 | **북팀** 박혜숙, 여운성, 장효순, 최재진 | **마케팅** 김효정, 최은영

책임편집 노느매기 | **디자인** 서채홍 | **인쇄** 재능인쇄

펴낸곳 한국교육방송공사(EBS)
출판신고 2001년 1월 8일 제2017-000193호
주소 경기도 고양시 일산동구 한류월드로 281
대표전화 1588-1580 **홈페이지** www.ebs.co.kr
이메일 ebsbooks@ebs.co.kr

ISBN 978-89-547-5931-1 04300
       978-89-547-5930-4 (세트)

ⓒ 2021, EBS